哈佛职场情商课

领导力
AUTHENTIC LEADERSHIP

哈佛商业评论 情商系列

HARVARD BUSINESS REVIEW
EMOTIONAL INTELLIGENCE SERIES

[美] 比尔·乔治（Bill George）
　　 埃米尼亚·伊瓦拉（Herminia Ibarra）等 著
郑澜 译

中信出版集团 | 北京

图书在版编目（CIP）数据

领导力/（美）比尔·乔治等著；郑澜译. -- 北京：中信出版社，2020.1
（哈佛职场情商课）
书名原文：Authentic Leadership
ISBN 978-7-5217-0914-8

I.①领… II.①比…②郑… III.①领导学—通俗读物 IV.① C933-49

中国版本图书馆 CIP 数据核字（2019）第 267132 号

Authentic Leadership
Original work copyright © 2018 Harvard Business School Publishing Corporation Published by arrangement with Harvard Business Review Press
Simplified Chinese edition copyright © 2020 CITIC Press Corporation
All rights reserved.

本书仅限中国大陆地区发行销售

领导力

著　　者：[美]比尔·乔治　[美]埃米尼亚·伊瓦拉　等
译　　者：郑澜
出版发行：中信出版集团股份有限公司
　　　　　（北京市朝阳区惠新东街甲 4 号富盛大厦 2 座　邮编　100029）
承　印　者：北京通州皇家印刷厂

开　　本：787mm×1092mm　1/32　　印　　张：4.25　　字　　数：52 千字
版　　次：2020 年 1 月第 1 版　　　　印　　次：2020 年 1 月第 1 次印刷
京权图字：01-2019-2960　　　　　　　广告经营许可证：京朝工商广字第 8087 号
书　　号：ISBN 978-7-5217-0914-8
定　　价：36.00 元

版权所有·侵权必究
如有印刷、装订问题，本公司负责调换。
服务热线：400-600-8099
投稿邮箱：author@citicpub.com

目 录

推荐序   V

比尔·乔治 | 文
彼得·西姆斯
安德鲁·N. 麦克莱恩
黛安娜·马耶尔

发现你的真正领导力
为什么自我意识如此重要   1

埃米尼亚·伊瓦拉 | 文

真诚的谬论
为了成长,你需要伪装   35

三

埃玛·塞佩莱 | 文

敢于示弱的领导者能收获什么
建立关系的心理学　　　　　　　　　　　　67

四

罗布·戈菲　　| 文
加雷思·琼斯 |

领导者如何做到"恩威并施"
当你真心在乎某事时，你将展现真实的自己　　81

五

西尔维娅·安·休利特 | 文

是什么阻止着有色人种的职业发展
牺牲特质以迎合群体　　　　　　　　　　　89

六

莎拉·格林·卡迈克尔 | 文

公司道歉的关键要素：首席执行官的情绪表露
以恰当的情绪传达信息   99

七

高塔姆·穆昆达、詹皮埃罗·彼得里利埃里接受阿迪·伊格内修斯、莎拉·格林·卡迈克尔专访

领导者是否太情绪化了
你可以落泪，只要这并不常见   107

推荐序

关于情绪智商（EQ），我有太多的话要说。我好想与初入职场的人分享情商的概念。我甚至抱着一种但愿你能早一点知道的心情推荐这套书。

记得几十年前，在一档广播节目中，我听到飞利浦公司的副总裁罗益强先生说，以前要想成功，需要的是"努力工作"（work hard）。以后要想成功，努力工作还不够，还要"聪明工作"（work smart），他接着说。但是以我们的成长过程而言，聪明工作是一件很不容易的事。

我很想加一句话，那就是，我们中国人在一切为考试、事事为进名校的过程中长大，聪明工作更不容易。

聪明工作需要热爱与全心投入自己的工作，需要从工作中获得一种幸福感（快乐）。人本心理学家马斯洛曾说："世界上最幸福的事，就是有人付钱让你去做你喜欢做的工作。"我们有多少人选择的是自己喜爱的工作？

聪明工作需要有自信与毅力，需要会沟通和赢得他人的合作。当你受到挫折，陷入低潮时，需要学习激励自己，重新站起来；甚至因此学到一课，变得比以前更好，更能发挥潜力。在只会读书，只注重分数的氛围中长大的人，这方面好脆弱！

聪明工作需要学会培养良好的人际关系，需要发挥正向的影响力、领导力，像是激励他人，赞赏他人。功课好的人通常只想到自己，因为用功读书的时候他常常一个人，想到的常是自己。后来也就很欠缺同理心，很难成为领导了。

谈到这里，我已经忍不住想问，我们过去在学校、在家中，以及后来在工作中，用了多少时间与精力，培养以上这些关键能力？

很多人以为一个人情商高就是少发脾气。其实不发脾气只是最基本的起点。接下来自信、幸福感、同理心、领导力才是情商的枢纽。

有人在2000年即将来临时问管理大师彼得·德鲁克，21世纪与上一个世纪最大的不同会是什么？德鲁克回答说，在21世纪，工作的开始才是学习的开始。

学完物理、化学、会计、电子机械之后，踏入职场，你面对的将不只是一份工作，你面对的是条漫长的学习之路。那是一条通往成功之路。这条成功之路的里程碑就是：毅力、恢复力、影响力、领导力与同理心。它的终点站是快乐和幸福。

黑幼龙

卡内基训练大中华地区负责人

比尔·乔治（Bill George）
彼得·西姆斯（Peter Sims）
安德鲁·N. 麦克莱恩（Andrew N. Mclean）
黛安娜·马耶尔（Diana Mayer）

文

发现你的真正领导力

过去50年间，相关学者开展了1 000余项领导力研究，试图准确描摹伟大领袖的领导风格、典型特征或人格特点。虽然至今没有一项研究能够清晰描绘出理想领导者的形象，但我们应该庆幸，因为如果真的出现了一种"普适型"领导风格，必将使人前仆后继地争相效仿。届时，原本各具特色的人，都千篇一律地伪装出所谓的理想领导者形象，反而一眼就容易被他人看穿。

模仿永远无法使人变得可信。我们可以借鉴他人经验，却无论如何都不能靠模仿他人获得成功。能够取得他人信任的，永远是真挚、做自己的人，而非他人的复制品。安进公司首席执行官兼总裁凯文·沙雷尔（Kevin Sharer）曾于20世纪80年代任杰克·韦尔奇（Jack Welch）的助理，并因此获得了宝贵的工作经验。但他也察觉到当时通用电气公司上上下下对韦尔奇的极端崇拜。对此，他评价道："每个人都渴望变得像杰克一样。领导力不是只有一种。我们得做真实的自己，而非试图模仿别人。"

过去5年间，人们对领导者的信任感日渐微弱。越来越多的证据显示，在21世纪的今天，我们需要新的商业领袖。2003年，比尔·乔治（Bill George）出版《真正的领导力：再探创造持久价值的法宝》（*Authentic Leadership: Rediscovering the Secrets to Creating Lasting Value*）一书，倡议新一代商业领袖发挥真正领导力。真正的领导者热情地追寻目标，日复一日地践行自己的价值观，用心、用智慧领导团队。他们与人建立长期、有意义的关系，在取得成果的过程中严于律己。简而言之，真正的领导者有自知之明。

许多拜读了《真正的领导力》的人都表示自己非常渴望成为真正的领导者，并想知道如何才能达成这一目标，其中不乏一些机构的首席执行官。为了回答"如何才能成为真正的领导者并持续下去"这一问题，我们的研究组访问了125名领导者，探究其领导才能的培养方法。这次访问共同构成了有史以来规模最大的领导力发展深度研究。受访者与我们公开地讨论了自己的潜能挖掘方法，并坦诚地分享了他们的人生故事、挣扎、失败与成功。

受访者处在23~93岁的年龄段，每一代不超过15人。入选标准是受访者的个人声誉，及其作为领导者的可信任程度与领导实力，外加我们对其为人的了解。我们还听从业内其他领导者及学者的引荐，最后入选的访问对象有男有女，且种族、宗教、国籍及社会经济背景各异。他们中的半数担任首席执行官的要职，另外半数由各类营利或非营利组织最高领袖、企业中高层管理人员及事业刚刚起步的年轻领导者构成。

访问结束后，我们理解了为什么之前的1 000多项相关研究均未成功描摹出理想领导者的形象。通过分析长达3 000页的访问记录，我们的项目组有了惊人的发现：这些事业成功的受访者，根本就不存在统一的特征、品质、技能或风格。相反，造就其领导力的，正是每个人独有的人生经历。不管有意识或无意识，他们一直在现实世界中摸爬滚打，从中汲取经验教训，帮助自身了解自己的内核是什么。在此过程中，他们发现了自己作为领导者想要达成的目标，并体会到真正的领导力在这方面的作用。

上述研究发现极度鼓舞人心，因为领导者的特质并非天生注定。你既不需要苦等上天的召唤，也不必非得爬到所在组织的最高层。相反，此时此刻，你就能发现自己的潜能。正如我们的一位访问对象、扬罗必凯广告公司董事长兼首席执行官安·富奇（Ann Fudge）所言："无论就职于商界、政府，还是在非营利组织中担任志愿者，每个人都蕴藏着领导潜能。难就难在我们要充分了解自己，善用自身领导力来帮助他人。"

只有下定决心提升自我的人，才能培养出真正的领导力。同音乐家与运动员一样，发挥潜能必须是你毕生追寻的目标。美国零售巨头克罗格集团首席执行官戴维·狄龙（David Dillon）表示，他见过的大多数人都通过自学成了好的领导者。狄龙还说："我给公司员工的建议是，不要期待公司为你制订个人发展计划。每个人都必须负起自我提升的责任。"

接下来,我们将与读者分享访问结果呈现的关键结论,描述如何成为真正的领导者。首先,真正的领导者不是被动经历事情,而是带着学习的视角,努力从人生经历中总结经验。通过践行自身秉持的价值观和原则,真正的领导者用经验指导行动,这种践行有时甚至可能置他们于风口浪尖。他们谨慎地平衡着各项动机,一方面确保自己受内在价值取向驱动,另一方面满足自身对于外界认可或奖赏的渴望。此外,真正的领导者还拥有一支强大的支持团队,并在团队协作下确保自己过着脚踏实地、无愧于心的生活。

从人生经历中学习

培养真实的领导力,第一步就是理解自己的人生经历。人生经历是经验的来源,在积累经验的过程中,我们对这个世界做着点滴的改变。美国小说家约翰·巴思

（John Barth）写道："人生经历并非生活本身，而是我们穷尽一生书写的故事。"换言之，人生经历的种种事件固然重要，但更重要的是我们对这些事件的主观看法。这种主观看法如抹不去的永久记忆，一遍又一遍地在我们人生中的重要时刻回放，驱使我们做出同样的人际互动行为，并使我们从中找到自己在这个世界中的归属。

真正的领导者各有各的人生经历，父母、运动教练、学校老师和职业导师都曾在其人生中扮演过重要角色。尽管如此，不少领导者纷纷表示，自己都曾熬过一段艰难时光，而这段时光正是其人生的转折点。其中，有人经历了失业、疾病或挚爱之人的突然离世，也有人感受到了被同龄人排挤的孤独、歧视与落寞。然而，真实的领导者并未因此将自己视为受害者，而是利用这些转折性的人生经历，为自己的人生赋予别样的意义。他们逆流而上，浴火重生，并在此过程中发现了自身渴望引领他人的热忱。

下面，让我们重点关注一位领导者的人生经历。跨国制药巨头诺华公司董事长兼首席执行官丹尼尔·魏思乐（Daniel Vasella）的人生经历，可以说是我们众多访问对象中最多舛的一个。他从青年时期的极端困境中挣扎而出，一步步成长为全球制药领域的中流砥柱。这样的人生轨迹，其实是许多人成为真实的领导者的必经之路。

1953年，魏思乐生于瑞士的一个小康家庭。儿时的他体弱多病，却也因此早早立下从医的志向。4岁时，魏思乐因食物中毒入院。5岁时，又因为严重哮喘发作而被独自送到瑞士东部山区疗养，而且一去就是4个月。在这几乎与世隔绝的4个月中，魏思乐发现与父母分开4个月特别困难，因为医院的看护人员酗酒成瘾，对小小的魏思乐不管不顾。

8岁时，魏思乐患上肺结核，后来又得了脑膜炎。他再次被送进疗养院，度过了一年的思乡寂寞时光，他的父母也很少来探视他。为了做腰椎穿刺，护士会紧紧地摁着他，使他动弹不得。当时的痛苦与恐惧，至今还鲜活地印在他的脑海里。一天，疗养院来了位新医生，耐心地向护士讲解辅助病人完成腰椎穿刺的各项步骤。魏思乐问医生，他能否在做穿刺手术时不被护士摁住，而是抓着一位护士的手。"神奇的事情发生了。改为握着护士的手后，这次的穿刺手术竟然没那么疼了。"魏思乐回忆道："手术结束后，那位医生问我'感觉如何'。我站起来，踮起脚尖，给了他一个大大的拥抱。他对人性的宽容、关怀与共情，给我留下了深刻的印象。从此，我就下定决心，自己以后也要成为这样的人。"

青少年时期的头几年，魏思乐的人生依旧没什么起色。10岁时，他18岁的姐姐因长达两年的癌症医治无效而离世。三年后，魏思乐的父亲又在手术中意外身亡。为了补贴家用，魏思乐的母亲前往一个遥远的小镇务工，每三周才回家一次。独自留守在家的魏思乐结交了一帮狐朋狗友，经常喝啤酒聚会到天亮，还经常打群架。浑浑噩噩的三年过后，所幸他遇到了他的初恋女友，并因为这个女孩的爱而端正了人生态度。

20岁那年，魏思乐考进医学院，后来以优异成绩结业。求学期间，他向心理医生求助，希望与早年的创伤经历和解，不再像个受害者似的活着。借助专业的精神分析，他对既往的人生经历有了新的理解，并意识到自己不单单想成为一名救死扶伤的医生，而是更渴望帮助尽可能多的人。完成住院医师实习后，魏思乐申请成为苏黎世大学附属医院的主治医生。然而，医院招聘委员会的人认为他年纪太轻，不足以胜任。

尽管感到失望，但这样的结果倒也没让魏思乐太过惊讶。他决定发挥自己的才干，在医学界创造更大的影响力。当时，他发现自己对金融与商学的兴趣日渐浓厚。经过与山德士公司制药部负责人的一番交谈，魏思乐获得到山德士美国分公司工作的机会。刚到美国的5年内，魏思乐在这个充满活力的环境中如鱼得水。他先是从医药销售起步，后来做了产品经理，最后在公司市场部一路突飞猛进。

1996年，随着山德士与汽巴-嘉基公司合并成如今的诺华公司，年轻且经验有限的魏思乐被任命为诺华公司首席执行官。此后，魏思乐在商业领袖的道路上风生水起。他致力于将诺华打造成全球医疗健康领域的伟大企业，用新药（如治疗慢性髓细胞性白血病的特效药"格列卫"）挽救人们的生命。他以儿时遇见的那位医生为榜样，建立起一种全新的企业文化，号召员工在拥有同理心的同时，重视终身学习，使自身和企业整体在竞争中立于不败之地。这些举措使诺华一步步发展为全球制药巨头，也使魏思乐自身成为一名善于站在他人角度思考的领导者。

魏思乐的故事只是众多真实领导者案例中的一例，这些人的共同特点是善于从自己的人生经历中获得灵感。当被问及是什么激发了他们想要领导他人的意志时，这些领导者不约而同地表示，答案正是过去那段转折性的人生经历。这些经历使他们领悟到自身领导力的深层意义所在。

了解真实的自我

当斯坦福大学商学院顾问委员会的 75 名成员被问及领导者最应培养的能力是什么时，他们异口同声地说：自我觉知。然而，许多领导者发现，想在当今社会中进行自我探索，竟是如此之难。尤其是那些事业刚起步的年轻领导者，在这方面更是体会深刻。他们努力达成外部世界可见的各项成功，如金钱、名誉、权力、地位，或是上升的股价等，却无法使成功长期持续下去。随着年纪的增长，他们可能突然发现人生中好像少了什么，并意识到自己其实并未成为自己心目中的样子。一个人要想了解真实的自我，必须敢于检视过去的经历，并诚实地面对内心。这样，当这个人承担起领导者的角色时，才能变得更人性化，也更愿意适时袒露自身的脆弱。

在我们访问的所有领袖中，美国嘉信理财前首席执行官戴维·波特鲁克（David Pottruck）在自我追寻的道路上走得最为坚定。高中时期，波特鲁克就是一名橄榄球运动员，频频参加各大联盟举办的联赛。在宾夕法尼亚大学就读期间，他更是获得校队MVP（最有价值球员）称号。在沃顿商学院取得工商管理硕士学位后，他先是进入花旗集团工作了一段时间，随后加入嘉信理财，任市场部负责人，并将居所由纽约搬到旧金山。波特鲁克本人工作极其努力，每天不知疲倦地工作，竭尽全力地保证成效。因此，他无法理解为什么有的同事不愿像他一样长时间工作。"我原以为他们看见我取得的成绩，就自然能明白我对公司的煞费苦心。"波特鲁克说，"但我从未想过，我的精力充沛反倒给别人造成了负担。"

直到有一天，波特鲁克的上司对他说："戴维，你的同事都不信任你。"听到这话的波特鲁克仿佛不能相信自己的耳朵。他回忆道："这项反馈好比一把匕首扎进我的心脏。我拒绝接受现实，因为我觉得他人对我的看法有失偏颇。此后一段时间，我对同事变得异常没有耐心，但我不知道自己在别人眼中竟是那样自私。尽管如此，我的内心深处仍然认同老板对我的评价。"波特鲁克意识到，除非找出并克服自身盲点，否则他不可能在成功的路上走得很远。

在认清自我的过程中，拒绝接受现实或许是领导者面临的最大障碍。为了认清自我，一名领导者必须暂时放下自尊，收起不安全感，并克服内心的恐惧。真实的领导者明白，他们必须愿意倾听他人的反馈，尤其是那些逆耳的忠言。回到波特鲁克的例子上，他在经历第二次婚变后，才终于肯承认自身仍然存在许多大块的盲点："第二次婚姻失败后，我一度怀疑自己择偶的眼光有问题。然而真正的问题其实出在我身上，我本身就算不上一个好丈夫。"后来，波特鲁克下决心改变。他告诉我们："我就像一个经历了三次心肌梗死的人，终于意识到自己该戒烟、减肥了。"

如今，波特鲁克已经再婚。这一次，他终于迎来了美满的婚姻。每当妻子对他提出建设性意见时，他总是仔细聆听。他承认，尤其在高压情况下，自己有时还是会故态复萌。但现在，他已经培养出好几种应对压力的方法。"我在人生中已取得的成功使我自尊自爱。正因如此,我能虚心接受建议。我终于学会了如何忍受失望和失败,并在此过程中与自身和谐共处。"

践行自己信奉的价值观和原则

价值取向是奠定真正的领导力的基石,这些价值取向源于个人投身的信仰与承诺。不过,真实的价值取向只有在压力的试炼下才显现出来。顺风顺水时,一个人不必费太大功夫,便可列出自己的价值取向,并将此作为行为的准绳。但当事业甚至人生都命悬一线时,我们这才体会到人生中最重要的是什么,以及自己愿意通过付出换来什么。

当我们用价值取向指导行动时,相应的领导原则应运而生。拥有一套坚定的价值取向,并敢于让它们经受淬炼,能使我们由此建立领导他人的原则。例如,"关怀他人"的价值取向转化为领导原则,可能就是"创造一个尊重劳动成果、稳定且能够发挥各人潜能的工作环境"。

以美国最大化工私人企业亨茨曼集团创始人兼董事长琼·亨茨曼（Jon Huntsman）为例。1972年"水门事件"发生后不久，当时仍然效力于尼克松政府的亨茨曼发现自己的道德观受到严峻考验。在原美国卫生教育福利部短暂工作后，亨茨曼在尼克松幕僚长 H. R. 霍尔德曼（H. R. Haldeman）的邀请下进入白宫。后来，亨茨曼坦言自己从霍尔德曼那里收到一系列指令。"这些指令让我不知所措。尤其是那些有违道德的指令，更是使我没有动力接受并执行。"亨茨曼解释道，"由于霍尔德曼想做的许多事情都很可疑，因此我俩起了几次冲突。当时，整个白宫都弥漫着一种不正之风。"

一天，霍尔德曼要亨茨曼帮他逮捕一名反对白宫某项动议的加利福尼亚州议员。该议员对某工厂占有一定股份，该工厂据称存在雇用非法移民的问题。为了搜集扳倒这名议员的证据，霍尔德曼想让亨茨曼参与一项机密任务。其中，亨茨曼需要指使他控股工厂的经理，暗中将一些非法劳工安置在目标议员控股的工厂里。

"有时，我们急于做出响应，而来不及思考对错。"亨茨曼回忆道，"当时的我就是这样。直觉告诉我这么做不对，但仅仅几分钟后，我就接受了这项提议。好在15分钟后，我心里的道德指南针发出警报，使我意识到这么做不对。从小养成的价值取向开始发挥作用。就在我与自己厂里的经理通话进行到一半时，我对他说'算了，我们别做了。我不想做了。你就当我没有打来过'。"

随后，亨茨曼向霍尔德曼表示，不会以这种方式利用自己的员工。"当时，我拒绝的可是在整个美国权力仅次于总统的人。他将我的反应视为不忠，甚至可能下一秒就会让我卷铺盖走人。随便吧。反正这件事发生后不到半年，我就主动离开了白宫。"（参见专栏《迈向真正领导者的个人发展计划》）

迈向真正领导者的个人发展计划

当你读到这里时,请思考一下培养个人领导力的前提条件,以及成为真正领导者所需遵循的发展路径。思考完后,不妨问自己以下几个问题:

1. 哪些人和事早年对你产生了深远的影响?
2. 你用什么方式来探索自我?真实的你是什么样的?哪些情况下,你可以说"这就是我"?
3. 你内心深处最坚守的价值取向有哪些?这些价值取向的来源是什么?从小到大,它们是否已经发生了显著改变?它们又如何指导你的行动?
4. 什么最能激励你?你的内在动力是什么?你是如何平衡外在动力与内在动力的驱动作用的?
5. 你拥有怎样的团队支持?你的团队如何支持你向真实的领导者迈进?你该如何使团队成员更加多样化,以进一步拓宽自身视野?
6. 你为人表里如一吗?你能否做到在人生的各个维度

（如个人、职场、家庭、社区活动）上表里如一？如果不能，阻碍因素是什么？

7. 成为真实的领导者，对你的人生而言意味着什么？当你与他人真诚相待时，能否使你更有效地发挥领导力？作为领导者，你是否曾经为了践行真正的领导力而付出代价？这种付出值得吗？

8. 为了培养真正的领导力，你在今天、明天和明年分别能做些什么？

平衡外在与内在动力

由于真正的领导者需要保持高昂的斗志,并维系生活各个层面的平衡,因此,了解自身受哪些因素激励变得至关重要。激励因素分为外在与内在两种。尽管不愿承认这一点,但其实许多领导者以外部世界的成功标准来衡量自身成就。职业晋升与金钱奖励,以及随之而来的社会认可与地位,使他们乐在其中。相较之下,内在激励因素则源于一个人对人生意义的感知。它们与个人经历及个人对这段经历的主观看法密切相关,如实现个人成长,帮助他人进步,参与社会事务及改变世界等。最重要的是,要在寻求外部世界认可的同时关注内在激励因素,因为后者才是使工作富有成就感的关键所在。

许多受访者都不约而同地提出了一项建议:胸怀大志的领导者应当提防外部环境的过分侵蚀,避免被社会、同侪或长辈的期望左右。德布拉·邓恩(Debra Dunn)在惠普公司硅谷总部当了数十年高管,承认外界压力从未间断:"积累物质财富的路径一目了然。你知道如何衡量财富,而如果你不走这条路的话,人们就会认为你有问题。避免沦为物质主义者的唯一方法,就是明白自身幸福感与成就感的来源。"

脱离外界对个人成就的衡量标准并不容易。以成就为导向的领导者在职业生涯初期很容易习惯于迎合外界评价,因而在追求内在驱动时必须付出勇气。但发展到某个阶段时,大多数领导者都会意识到,为了追寻真正意义上的成功,自己需要解决更高难度的问题。麦肯锡公司高管爱丽丝·伍德沃克(Alice Woodwark)29岁时就已取得了令人瞩目的成就。回忆当初,她表示:"由于少年得志,所以当时的我相当天真地认为,成就就是受到他人的赞誉和重用。但如果你一味地追名逐利,终究会发现竹篮打水一场空。"

内在驱动因素取决于个人价值取向,并且比外在驱动因素更能给人带来成就感。纽约证券交易所首席执行官约翰·赛恩(John Thain)说:"无论做什么,只要能出色地完成手头的工作，就能使我充满动力。但我还是倾向于团队协作，共同创造社会影响力。"无独有偶，《时代周刊》董事长兼首席执行官安·穆尔（Ann Moore）也表示："我25岁时就来到这里工作，完全是凭借着对出版业和杂志事业的一腔热血。"当初从商学院毕业后，面对五六个工作机会，穆尔出于对出版业的热爱，最终选择了报酬最低的那一个。

搭建自己的支持团队

领导者不能单打独斗。即便是最自信的企业高管，也需要他人的支持与建议。缺少与团队成员的亲密关系，再强的领导者也容易在前进的道路上迷失。

真正的领导者会搭建强有力的支持团队，帮助自己在正确的道路上持续前行。当时局动荡时，这些支持团队能够为领导者出谋划策；当领导者春风得意时，团队又能与其同享成功的果实。经历过最低谷的领导者会发现，在信赖的团队成员面前，自己可以开诚布公地坦露脆弱的一面。此时，那些真心把领导者当朋友，不在乎其身份地位的人，才会真正显现出来。真正的领导者发现，其支持团队能够提供心理上的支持、专业建议与观点，并在必要时将领导者拉回到正途上。

怎样才能建立起自己的支持团队呢？大多数真实的领导者拥有多方面的支持体系，包括爱人、家人、导师、密友及同事等。随着阅历的增加，真正的领导者不断扩大人际关系网。他们与周围的人分享经验，或是与一些人有着共同的经历，并经常开诚布公地对待他人，进而在此过程中创造了人与人之间的信任感，这种信任感是领导者面对逆境与动荡时的依靠。领导者不能一味地向自己的支持团队索取，而应同时给予他们对等的支持，这样才能形成互帮互助的良性关系。

总有那么一个人，能让我们在其面前完全释放自己。这个无条件接纳我们的人，正好可以作为支持团队中的第一人。通常情况下，也正是这个人，才是最敢于向你说真话的人。对大多数领导者而言，这个人就是配偶。当然，也有一些领导者与自己的家人、挚友或导师建立了这样知无不言的亲密关系。被无条件支持的领导者，更有可能接纳真实的自己。

随着时间的推移，建立在相同价值观与共同目标基础上的人际关系，多半会变得更加深厚。美国凯鹏华盈风险投资公司合伙人兰迪·科米萨（Randy Komisar）表示，自己与妻子德布拉·邓恩（前文提及的惠普公司高管）的婚姻关系之所以稳固，缘于两人契合的价值观。他说："德布拉和我各自独立，相处时又极其融洽，因为我们的抱负、价值取向和处事原则均极为相似。对于诸如'死后想为这个世界留下什么'之类的问题，我们都有强烈的共鸣。两个人相处，重要的是生活上的方方面面要同步。"

除配偶外，许多领导者的人生中还有那么一位导师。所谓教学相长，最好的师徒关系能够激发双方共同探索相似的价值观，并分享过程中的喜悦。如果一个人只企图从导师那里获得好处,而非发自内心地关心导师其人,这样的师徒关系将不会长久。真正让师徒关系长存的,是彼此间的心灵相通。

于公于私,相关的支持团队能够以多种形式并存。美国投资公司派杰的塔德·派珀(Tad Piper)是"匿名戒酒会"成员。他表示:"这里面的人可不是首席执行官,只是一群性格友善、努力生活的人。他们彼此互帮互助,渴望过上清醒的美好生活。大家在一起时,总是毫不避讳地坦露自身脆弱的一面。根据事先约定好的一些规则,我们聚在一起,谈论自身对酒精的依赖成因,并在12步'戒酒法'的实践过程中,不断强化着戒酒行为的力度。我很庆幸自己能有这帮心系他人、身体力行的朋友。"

在这方面,比尔·乔治与派珀的经历类似。1974年的一次周末聚会后,乔治与聚会上结识的一帮男子组成了一个8人小团体。30多年来,每周三早晨,这个小团体都会风雨无阻地坚持见面。成员先是互相聊聊生活近况,再在其中一位成员的带领下,共同讨论如何解决这位成员当前面临的难题。成员之间无话不谈，自由发问，探讨内容通常十分深刻。这种方式之所以大获成功，是因为它创造了一个开放、真诚和接纳的环境，使成员敢于表达，无惧偏见、批评甚至报复。所有成员都将这个小团体视为生活中最重要的一个方面。置身其中，他们得以向他人坦露自身的信仰、价值观及对于关键问题的看法，并在最需要的时候从他人那里获得真诚的反馈。

脚踏实地地融入你的生活

领导者面临的最大挑战之一，就是如何兼顾事业与生活。为了平衡人生的各个方面——工作、家庭、社区和朋友，我们首先得把这些方面整合起来，以便自己表里如一地投入其中。不妨把人生想象成一幢房子，私生活是卧室，工作是书房，家庭是娱乐室，朋友则是客厅。居住在这间房子里的你，能否打破这些房间的隔阂，在每个房间中进出自如？

易贝公司前总裁、贝恩咨询公司前全球执行总监约翰·多纳霍（John Donahoe）强调，所谓真正的领导者，就是无论身在何处，都要保持真实的自我。他还警示道："如果放任不管，你就会被所在的环境影响。保持自我，就是保持清醒决策。有时，决策真的很难，而且时常让人栽跟头。"

真正的领导者总是以前后一致的自信形象出现在世人面前。他们不会今天是一种面貌，明天又像换了个人似的。要想实现这种始终如一，需要领导者保持自律，压力大的情况更是对领导者如何继续保持镇定自若提出高要求。保持自己在生活各方面的一致性，将使人更有效地发挥领导力。关于这一点，多纳霍感触很深。他说："不存在什么凤凰涅槃。这种挣扎是持续的，因为随着年龄的增长，这种取舍也并不会变得更容易。"但对真实的领导者而言，个人生活与职业生活并非水火不容。正如多纳霍所言："如今，我可以肯定地说，我的孩子成就了职场上更有成就的我。把个人生活经营得多姿多彩，将对职业生活起到意想不到的促进作用。"领导总是高强度工作的代名词。试想，当你需要为他人、组织和结果负责，并需要应付持续动荡的环境时，压力肯定在所难免。问题不在于你能否规避压力，而在于你在压力之下如何保持生活各方面的平衡。

真正的领导者永远明白保持心态平和的重要性。除了花时间与亲朋好友相处外，真正的领导者还不忘坚持锻炼，坚持信仰，参加社区服务，并抽时间回到家乡。要想有效地建立、发挥领导力，这些缺一不可。

鼓励他人承担领导角色

探讨完如何培养真正的领导力后，让我们将目光投向另一个话题：真正的领导者是如何激励组织中的其他人，使之卓有成效地达成长远目标的。这是身为一名领导者的基本底线。

真正的领导者明白，领导力不是帮自己取得成功，也不是让下属对自己忠心耿耿。领导者要想带领组织获得成功，关键在于培养组织中各个层级的管理人员，无论某管理人员是否直接向自己汇报。真实的领导者不仅激励着自己周围的人，还鼓舞着更低层的员工不断向上，勇于承担更大的领导角色。

施乐公司董事长兼首席执行官安妮·马尔卡希（Anne Mulcahy）临危受命，带领公司华丽转身。她以擅长建立人际关系、鼓舞人心闻名。当她最初接管施乐公司时，这家公司的负债高达180亿美元，信用体系全线崩溃，股价暴跌，士气低落至史上最低。雪上加霜的是，美国证券交易委员会怀疑公司存在虚报收入的问题，正就此展开调查。

马尔卡希出任首席执行官的消息震惊了每一个人，就连马尔卡希自己也不例外。马尔卡希是施乐公司的老员工，此前在销售部工作了25年，却从未涉足财力、研发和生产职能。就是这样没有任何财务管理经验的马尔卡希，如何才能在岌岌可危的公司中力挽狂澜呢？答案就是马尔卡希在过去25年来建立的所有人际关系,对公司的深刻认识,以及她作为一名真正领导者的口碑。正因如此,许多员工都愿意追随马尔卡希的领导,为公司做额外的努力。

就任后,马尔卡希与公司的100位高管一一会面,询问他们是否愿意留下,与公司同生死,共存亡。据马尔卡希回忆:"我知道,不是每个人都愿意支持我。于是,我当面对这些人说,'这不是为了我,而是为了公司'。"

马尔卡希面谈的头两个人,均负责运营公司的主要业务单元。最终,他们决定离开。除他们外,剩下的98人都愿意留下。应对危机的整个过程中,施乐公司上下都被马尔卡希临危受命、重振公司的精神和努力鼓舞。最后,在她的领导下,施乐公司成功摆脱破产命运。通过恢复公司营收增长,兼施成本控制与新产品研发等举措,马尔卡希不仅偿还了100亿美元公司债务,更使公司股价涨了两倍。

如同马尔卡希一样,所有领导者都得坚守一些底线。

无论逆境顺境，真正的领导者能够使自身的领导力与取得的成果相得益彰，形成良性循环。结果的达成印证着领导力的实效，有效的领导力又能使成果不断推陈出新。通过激励团队成员勇于应对更大的挑战，真正的领导者能够吸引人才，并使员工朝着共同的目标齐心协力。事实上，长期、持续地达成非凡的成就，才是一位真正领导者的标志。平庸的领导者或许能在短期内达成一些目标，但只有真正的领导力才能长期创造可持续的成果。

这个世界会给予真正的领导者特别的奖励。论及成就感，没有什么能够比肩带领团队做出一番有意义的事业。当你们携手冲过终点线时，过往经历的种种苦痛转眼就会烟消云散，取而代之的是一种深深的满足感。这种满足感缘于自己鼓舞了他人，进而共同使这个世界变得更美好。对真正的领导力而言，这既是挑战，又是成就感的来源。

作者简介

比尔·乔治
哈佛商学院管理学教授,曾任美敦力公司董事长、首席执行官。

彼得·西姆斯
企业管理与创业领域的专职作家,著有《小赌大胜:卓越的公司如何实现突破性的创新与变革》(*Little Bets: How Breakthrough Ideas Emerge from Small Discoveries*)。此外,他还参与创立了 BLK SHP。

安德鲁·N. 麦克莱恩
哈佛商学院副研究员。

黛安娜·马耶尔
曾为花旗集团纽约总部高管。

本文改编自比尔·乔治与彼得·西姆斯的著作《真北:125 位全球顶尖领袖的领导力告白》(*True North: Discover Your Authentic Leadership*)。

埃米尼亚·伊瓦拉（Herminia Ibarra）| 文

真诚的谬论

可靠性，已成了衡量领导力的黄金标准。但若我们对其含义的理解流于表面，将不利于我们实现个人成长，进而阻碍个人影响力最大限度的发挥。

让我们来看看辛西娅的故事。辛西娅目前在一家医疗健康机构任总经理职务。晋升至该职位后，她的直接下属人数增加10倍，主管业务范围也大幅扩大。对于职业生涯中如此重大的一次飞跃，辛西娅感到些许不安。她深信领导者必须开诚布公且注重团队协作，因此毫无保留地将内心的真实想法告诉自己手下的新员工："我想做好这份工作，但它看上去挺可怕的，因此我需要你们的帮助。"然而，由于下属期望看到的是一个自信、有担当的领导者形象，因此辛西娅的坦诚反倒使她失去了下属的信任。

无独有偶。乔治是马来西亚某汽车配件公司的高管。这家公司尊崇严格的上下级关系，通过达成共识做出决策。后来，该公司被一家组织架构更为扁平且灵活的荷兰跨国企业收购。身处其中的乔治很快发现，这家荷兰企业的决策风格更加民主，同事之间可以自由辩论，最好的想法将被团队采纳。但乔治也发现，自己并不能很好地适应这种决策风格，因为它与自己从小到大在马来西亚接受的传统教育格格不入。一天，乔治的上司告诉他，根据最近一次360度绩效评估结果，他得更积极地说服别人、更主动地宣扬自身成就。但乔治认为，置身于这样的企业文化中，他必须每天戴着虚伪的面具示人。否则，他甚至可能无法保住这份工作。

违背本性行事容易使我们觉得自己"虚伪"。正因如此，我们愿意打着"做自己"的旗号，在舒适圈中故步自封。然而，正如辛西娅、乔治及其他无数企业高管所发现的那样，几乎任何一种工作都不允许我们长期赖在自己的舒适圈中不出来。尤其当我们想升职或工作要求、期望发生改变时，更是如此。

在研究领导角色转型的过程中，我发现，无论是谁，只要渴望寻求事业上的发展，就必然得走出个人的舒适圈。不过，事业的蒸蒸日上伴随着一股强烈的逆反冲动，驱使我们保护自我身份认知。换言之，当我们对自己的本性、工作能力或新环境的适应能力产生怀疑时，我们通常的做法是回避，即回到自己熟悉的行为模式和处事风格中。

我的研究结果还显示，那些最让我们自我怀疑的时刻，也正是我们的领导力提升速度最快的时刻。通过见证自身的点滴进步，并在不断试错的过程中逐步提升职业自信，我们得以发展出个人领导风格。这种领导风格既适合我们自己，也能满足我们所在组织不断变化的需求。

这是一场需要勇气的征程，因为从本质上说，后天学习必然伴随着刻意练习，而刚开始进行这种刻意练习时，我们又时常觉得自己太刻意，没有自然展现真实的自我。不过，为了避免自己的职业范围被框定，并使自己最终修炼成更好的领导者，我们别无他法，只能逼自己去做那些"真我"羞于或不敢做的事。

为什么领导者不敢流露"真性情"

英语中的"authentic"(真实的,真正的)一词最早用于描述艺术品的原创性。如今,当它被用于描述领导力时,其含义显然发生了改变,甚至可以说是扭曲。例如,有关阅历如何使人成长的不少研究均主张,人们应当坚持"真我",这样才能增进对自身的了解,发现一味自省所不能发现的个人隐藏面。此外,这些研究还认为,一个人不可能向他人透露自己的每个想法和感受,这种做法既不现实,也很危险(见图1)。

如今的领导者之所以不敢流露"真性情",原因有几个。其一,较过去而言,当代领导者面对更剧烈的环境变化,相应需要更频繁地做出决策。在努力"打怪升级"的过程中,清晰、坚定的自我认知能帮助领导者做出更明智的决策,并朝着各项目标勇往直前。然而,一旦要换个地方"打怪升级",原先过度僵化的自我概念将束缚我们的前进步伐,就像前文中辛西娅的遭遇一样。

教条式地给"真性情"下定义,反而容易阻碍领导力的有效发挥。以下是关于"真性情"经常出现的三条解释,以及它们相应存在的问题。

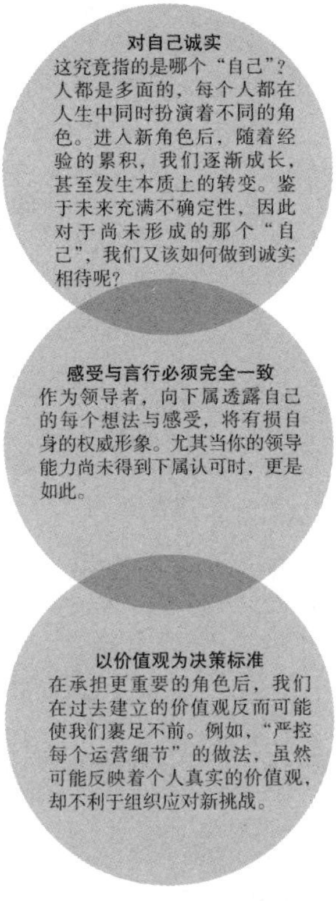

对自己诚实
这究竟指的是哪个"自己"?人都是多面的,每个人都在人生中同时扮演着不同的角色。进入新角色后,随着经验的累积,我们逐渐成长,甚至发生本质上的转变。鉴于未来充满不确定性,因此对于尚未形成的那个"自己",我们又该如何做到诚实相待呢?

感受与言行必须完全一致
作为领导者,向下属透露自己的每个想法与感受,将有损自身的权威形象。尤其当你的领导能力尚未得到下属认可时,更是如此。

以价值观为决策标准
在承担更重要的角色后,我们在过去建立的价值观反而可能使我们裹足不前。例如,"严控每个运营细节"的做法,虽然可能反映着个人真实的价值观,却不利于组织应对新挑战。

图1 何为真性情

二 真诚的谬论

其二，在全球化的商业环境中，我们中的许多人都得与文化背景不同的人共事。受文化背景影响，他们对我们的行为也有着不一样的预期。因此，我们好像常常被夹在一种两难境地中：一边是真实的自己；另一边则是期望中的自己。这正是前文中乔治遇到的问题。

其三，当今世界互联互通，社交媒体的影响无处不在。受这些因素影响，人们不得不时刻以某种身份向外界展示自己。同理，如何展示自我，已成为领导力的一项重要内容。领导者需要展示的是身为"人"的自我，而非仅仅是"企业高管"的身份。前者往往包含更广泛的兴趣爱好，甚至是一些奇怪的小癖好。然而，处心积虑地表演出一种人格供所有人观赏，可能与私底下真实的自己发生冲突。

我访问过几十位才华横溢且面临角色转变的企业高管，发现以下几类情形最容易引发如何展示"真性情"的问题。

负责管理此前不熟悉的业务

众所周知，对于新的领导岗位，前 90 天至关重要。第一印象很快就能形成，且作用不可小视。面对日益增加的曝光度和业绩压力，性格迥异的领导者对此做出的反应也不同。

明尼苏达大学心理学家马克·斯奈德（Mark Snyder）发现，领导者在建立个人领导风格的过程中，存在两种心理模式。一种是"变化多端"型，又被我称为"变色龙"型。这类领导者天生能够并愿意根据外界环境需求调整自身，且不会产生任何"弄虚作假"的负罪感。"变色龙"型领导关注自己的公众形象，并经常刻意掩饰自身的脆弱面。刚开始时，他们或许一时还找不到最适合自己的领导风格。但随着对各种风格的不断尝试，他们终将找到适合自己及所在环境的那一种，就像试穿多件衣服后终于找到心仪的那件一样。由于反应灵活，"变色龙"型领导通常在职业道路上高歌猛进。然而，一旦他们被人视作"虚伪"或"没有道德底线",那么即使他们其实展示的是"真实的"一面,也可能遭遇种种问题。

相较之下,另一种"真实自我"型领导(斯奈德所称的"固定稳重"型)倾向于如实表达内心的想法与感受,有时即便环境不允许,他们也仍旧我行我素。前文中的乔治与辛西娅均属于这类领导者。他们的弱点在于固守自认为舒适的行为模式,不愿随着阅历和洞察力的增加而不断改善个人领导风格,也无法适应环境提出的新需求。

我最早在《华尔街日报》上刊登的一篇文章中读到辛西娅的故事,并因此萌生了访问她的计划。根据文章作者卡萝尔·希默威茨(Carol Hymowitz)的描述,辛西娅正是"真实自我"型领导的典型案例。她认为恪守高度透明、完全不掩盖个人隐私的管理风格,就能走向成功。向团队成员寻求支持时,她公开承认自己有点儿茫然无助。由于刚刚涉足此前不熟悉的新业务,她不知疲倦地参与每项决策和问题的解决。可仅仅几个月后,她就濒临崩溃。更糟的是，由于过早地在团队成员面前暴露自身弱点，辛西娅的权威地位因此受到削弱。几年后，回想起当初这段转型经历，辛西娅向我透露："一个真性情的领导，并不需要让自己置身众目睽睽之下，被人看透。"但在当时，那正是她的看法。她不仅没有与团队建立互信关系，反而因此使人质疑她的工作能力。

在诸如此类的情况中，放权与沟通不足并非问题的全部。更深层的问题在于，置身不熟悉的环境中，我们需要掌握人际交往的距离与亲密度。如果采用斯坦福大学心理学家德博拉·格林费尔德（Deborah Gruenfeld）的说法，那便是"既保持权威感，又不至于拒人于千里之外"。权威感源于你高于其他团队成员的知识、经验和专业水平，它在一定程度上使你与他人产生距离感。但为了让自己拥有亲和力，你需要展示出自己对他人及其看法、贡献的高度重视，并在领导团队的过程中富有同理心与人性关怀。对"真实自我"型领导而言，在权威感与亲和力之间取得平衡的过程，正好激发了他们对于

"真性情"的纠结,因为他们的行为模式通常比较极端,要么只能保持权威感,要么只能做到极有亲和力。在前文辛西娅的例子中,她让自己的弱点完全暴露于众人面前,变得太容易接近,由此丧失了权威感,并使自己疲于应对琐事。此时的她正值职权扩大的过渡期,更需要与员工保持距离感,为后续建立职业自信、达成工作目标奠定基础。

展示自己的想法(及自己本身)

要想提升领导力,一个人不能再像以往那样有好想法即可,还得学习向各种各样的相关方推介自己的想法。经验不足的领导者,尤其是"真实自我"型领导者,认为这一过程充斥着逢场作戏和明争暗斗,因而感到十分痛苦。他们认为,自己的本职工作,应当只靠自己来完成。

举个例子。安妮是一家运输公司的高级经理,此前使自己所在的业务单元实现了收入翻番,并从根本上对核心流程进行了优化设计。尽管安妮成绩斐然,但在其老板眼中,安妮并不是一个能够鼓舞人心的领导者。同时,安妮还兼任这家运输公司母公司的董事职务,但她也心知肚明,自己的沟通能力与这一职务的要求相距甚远。董事长正巧是一个高瞻远瞩、抓大放小的人,经常因为安妮详细的描述而不耐烦。他对安妮的评价是"要提高自身层次,多考虑远景"。但在安妮看来,这样的建议未免太过注重形式,忽略了内容本身。后来,安妮在访问中告诉我:"我觉得这就是个人操纵。讲故事没什么难的,但我拒绝玩弄他人的情感。如果这种操纵他人的意图过于明显,我就怎么也下不了手。"正如许多志向远大的领导者一样,安妮不愿装腔作势,以此影响或激励他人。比起事实、图表和数据,这种所谓的"情感操纵"令他们感到虚伪。正因如此,安妮与董事长的作风格格不入。她极力关注事实,却无法以此为他提供价值,更无法与他在商场上并肩作战。

许多管理人员都深知,光有好的想法和潜力并不够,他们还得擅长表现自己,否则想法和潜力只会被人忽视。虽然道理都懂,他们却做不到知行合一。"我试着靠自己的专业能力建立人脉网,尽心尽力为公司出谋划策。"一位管理人员告诉我,"或许从职业发展的角度来看,我显得不够聪明。但我不能违背自己的意愿……所以我一直成不了'左右逢源'的人。"

换个角度来看,职业晋升不仅能帮助我们拓展人际关系网,还为我们提供了一个在组织中发挥更大影响力的机会。管理人员如果没有这样的思想准备,就容易在向他人展示实力时没有真实感,进而妨碍自己对他人产生影响力。但实际上,这是一种共赢,而不只是个人的追名逐利。即便亟须证明自己,"真实自我"型领导者尤其难以在最有必要的时候向更高层的领导推销自己。然而,研究结果显示,随着经验的积累,人们对于自己能够带来的价值变得更有自信,在展示自己方面的迟疑也会相应消失。

理解自己收到的负面反馈

许多成功的企业高管，都会在首次承担更重要的角色或更重大的责任后，收到他人对自己非常负面的反馈。即便外界的种种批评并没有什么新鲜内容，这些批评却因为此时的领导者要承担的风险更高而被进一步放大。不过，许多领导者会安慰自己：要想发挥"自然"风格，有效领导团队，一些刺耳的声音在所难免。

雅各布是一家食品公司的生产部门经理。在一次360度绩效评估中，其直接下属认为他在情商、团队建设和鼓舞士气方面实在表现得差强人意。其中一名团队成员写道，雅各布不愿虚心接受批评。另一位团队成员则提到，雅各布曾在一次大发雷霆后突然开起玩笑，仿佛什么都没发生过一样，完全不顾及个人情绪起伏对周围人产生的影响。但在雅各布看来，自己早已与同事建立了深厚的信任关系，因而在收到这些负面评价后，他的心里很不是滋味。

平复心情后，雅各布承认，自己其实不是第一次收到类似批评（早在几年前，一些同事和下属就对他做出过相似的评价）。"我以为自己已经有所改善，"雅各布反思道，"但从事实来看，从上次收到这类批评至今，我其实并没有改变多少。"不过，雅各布很快为自己的行为找到借口，然后向上级解释道："有时候，为了确保达成目标，人就得表现得强势一些，也因此会得罪人。"他还补充道："这就是本职工作的一部分。"当然，雅各布搞错了重点。由于领导者收到的负面反馈通常集中于其管理风格，而非专业技能或经验，因此容易给领导者一种"身份受到威胁"的错觉，就好像外界在逼迫他们供出"成功秘方"一样。这正是雅各布的观点。没错，他的确易怒，但在他看来，也正是他的"强势"，才使他年年达成目标。现实生活中，雅各布在行为上虽然存在改善空间，但他确实靠着这份"强势"一步步走到今天。一旦担任更重要的职位，职责范围进一步扩大，他对下属的极强控制欲反倒成了职业发展之路上的绊脚石，因为这

些白白浪费掉的时间,原本可被他用于思考更为宏观的战略问题。(参见《为什么企业越来越重视"真正领导力"培训》专栏)

在这方面,英国前首相、"铁娘子"玛格丽特·撒切尔(Margaret Thatcher)堪称公共领域的典型代表。与她共事过的人都知道,一旦谁准备不周,撒切尔夫人就会表现得铁面无私,甚至不惜公开羞辱对方。现实生活中,撒切尔夫人以不愿倾听他人意见著称,并且坚信妥协是懦夫的表现。随着"铁娘子"的称号闻名于世,撒切尔夫人越发刚愎自用,主张强权政治。她可以动用一切手段,让任何人屈服。就这样,她越来越变本加厉。最终,她以失败收场,被自己的内阁轰下了台。

二 真诚的谬论

为什么企业越来越重视"真正领导力"培训

市面上存在着大量有关如何在职场上展示真实自我的书籍、文章与培训工作坊,供管理者查阅或参加。目前,我们观察到两个趋势,有助于解释为什么近几年来人们对于"真正领导力"的关注度激增(见图2)。

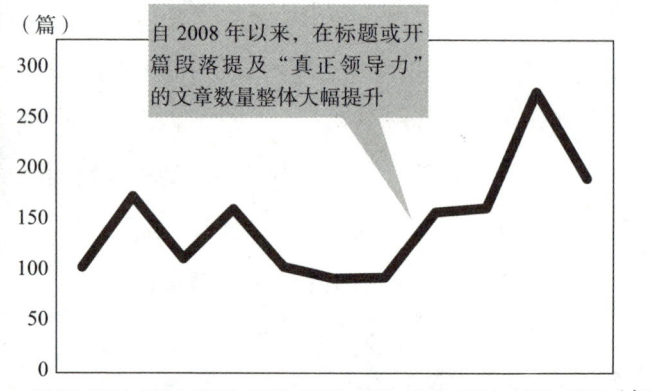

自2008年以来,在标题或开篇段落提及"真正领导力"的文章数量整体大幅提升

图2 各年度提及"真正领导力"的文章数量

数据来源:《纽约时报》、《金融时报》、《华盛顿邮报》、《经济日报》、《福布斯》杂志、《华尔街日报》和《哈佛商业评论》。

第一,《爱德曼全球信任度调查报告》显示,2012 年,社会各界对商业领袖的信任度降至史上最低。到 2013 年,即便人们对商业领袖的信任度开始回暖,仍仅有 18% 的受访者认为商业领袖敢于直言事实。还有不到半数的民众认为商业领袖会做正确的事。

第二,员工参与度前所未有地低。盖洛普公司 2013 年的一项民意调查显示,全球范围内,仅 13% 的企业员工认为自己在工作中有参与感。在受访的 1.8 亿员工中,仅 1/8 的人从心理上认同自己从事的工作。多项研究结果显示,沮丧、疲倦、失望和违背个人价值观等,是促使人们跳槽的首要原因。

在公众信心与员工士气如此低的今天,企业鼓励管理人员发现自身的"真实"价值,也就不足为奇了。

二 真诚的谬论

采用玩乐式的思维模式

过于严苛的自我认知,可能缘于过度的内省。当反省的目的只是找寻某个答案时,我们看待问题、看待自身的老旧视角,必然会在内省的过程中被进一步强化。与内省相对应的是我所称的"外省"(outsight),即尝试不一样的领导行为,并从外界获得相应的宝贵建议。如果没有"外省",我们习以为常的思维方式与行为模式就会使我们故步自封。要想像领导者一样思考,我们必须首先采取一些行动:专心投入新项目与新活动中,接触此前没接触过的人,并积极尝试各种新鲜的工作方式。尤其在职业过渡期间,面对环境中的诸多不确定性,思考与内省必须建立在行动的基础之上,而非反之。行动上的变化能够改变我们对自己的认知,进而改变我们对某些事物的看法。从前不屑一顾的事,现在可能也会被认为值得尝试。

所幸,提高"外省"能力的方法不止一种,可用来帮助我们逐步树立既适应环境又不乏真实的领导力，但要想运用这些方法，前提条件是采用玩乐式的思维模式。不妨把领导力培养视作尝试不断变换个人风格，而非日复一日地完善着一种风格。说实话，后者听上去实在不怎么让人有兴致。采用玩乐式的思维模式后，我们将变得更容易接纳新事物。今天的你和明天的你不太一样，这既无不妥，也非虚伪，而是我们为了迎接新挑战、适应新环境而不断试错的过程。我们的终极目标，是为了以此找到最适合于当下情况的领导风格。

根据我的研究结果，以下三种方式可用于提高"外省能力"。

同时向多个榜样学习

大部分情况下，学习必然涉及某种形式的模仿。学习者也将逐渐了解到，世上没有什么东西是"完全创新"的。培养领导力的重要一环就是不再将"真实"视为一种内在状态，而是将其看作一种向他人学习、取其风格和行为之精华并"为我所用"的能力。

但是，请不要直接照搬某一个人的领导风格，而要博采众长。全盘模仿与博采众长可是两码事，后者要求你同时向许多人学习，集所有人的长处，进而创造出属于你自己的独特领导风格，且这种领导风格还将不断微调、完善。正如美国剧作家威尔逊·米茨纳（Wilson Mizner）所言，模仿一个作者叫"抄袭"，但同时模仿许多作者就被称为"研习"。

我在一项针对投资银行家和咨询顾问的研究结果中观察到"向多个榜样学习"的重要性。投资银行家与咨询顾问在工作中都采用项目制，从初级分析员做起，一步步过渡到向客户提建议、兜售新项目的角色上来。尽管他们中的大多数人都难免在升职后感到底气不足，内心不安，但其中总有一些"变色龙"型人，有意借鉴着诸多业内成功人士的领导风格与策略。例如，他们会模仿前辈用幽默化解会议紧张氛围，或是在总结陈词时避免咄咄逼人。从本质上说，"变色龙"型人一直变换风格，直到发现最适合自己的那一种。他们的表现也会引起上级主管的注意，使其乐于在此过程中为他们提供指导和知识技能分享。

　　研究结果显示，最后，"变色龙"型人比那些"真实自我"型人用巧劲儿获得了更快速的发展，后者依旧沿袭过去的做法，一味地关注技术上的精进。通常情况下，"真实自我"型人会为自己找借口，称其上级主管"只知道说大话"，因而不是合适的模仿对象。就这样，在"完美"榜样迟迟不出现的情况下，憎恨虚伪的"真实自我"型人在模仿之路上步履维艰。可不幸的是，在上级主管眼中，这样的表现反而证明"真实自我"型人工作能力不佳且心不在焉，因而不愿像对"变色龙"型下属一样，对其提供悉心指导。

用心做得更好

众所周知,学习永远不可能一蹴而就。因此,制定学习目标(注意,不是"绩效考核目标")既有助于我们尝试不同的领导风格,又不至于让我们感到虚伪。有了学习目标,即便外界环境的变化带来诸多挑战,我们仍会停止保护过去那个舒适圈中的自己,转而开始探索自己在领导力方面的种种可能性。

不必说,每个人都想尽快适应新环境,并在其中左右逢源,如制定正确的战略,拥有无与伦比的执行力,确保组织重点目标的达成等。然而,过度关注这些事物,只会让我们害怕承担风险,在学习的道路上裹足不前。斯坦福大学心理学家卡罗尔·德韦克(Carol Dweck)曾做过一系列设计精巧的心理学试验。其结果显示,当我们在意他人看法时,我们对新事物的学习能力反而会受到削弱。绩效目标激励我们向他人、向自己展示个人能力,如聪明才智和社交技巧等。相较之下,学习目标则激励我们去培养工作中不可多得的各项宝贵品质。

一心只想冲绩效目标时,我们很容易将领导力误解为"以最有利的方式展示自己"。当我们追逐的是学习目标时,我们既可以将最真实的自我投入工作,又能引领自己和团队获得成长。我认识的一位领导者曾在小团队中如鱼得水,却发现自己难以在大型会议中接受新想法。在后者的情境中,这位领导者经常发表冗长的演讲,唯恐其他参会者提出任何负面意见。后来,他为自己立下"不做演示文稿"的规矩,以此逼迫自己培养出一种更放松、更即兴的演讲风格。结果,他为自己的进步感到惊讶不已。此前,他从不敢相信,自己竟然也能逐渐发展出别具一格的演讲风格,并且能在大型会议中就当前面对的问题收获如此丰富的启发。(见补充内容《文化因素对真正领导力的影响》专栏)

文化因素对真正领导力的影响

无论是接管陌生的业务领域，说服他人接受自己或自己的想法，抑或理解他人给自己的负面反馈，只要是在一个多元化的文化环境中，这都会使真正领导力的有效发挥变得难上加难。

埃林·梅耶尔（Erin Meyer）是我在欧洲工商管理学院的同事。她通过研究发现，说服他人的风格及人们认为有说服力的论述方式并无定式。相反，它们深深根植于一个文化所包含的哲学、宗教与教育理念中。换言之，目前市面上给出的领导风格建议较为局限，但领导者的文化背景显然不胜枚举，进而使这些所谓的领导风格建议显得乏善可陈。此外，尽管各大公司都在致力于建立文化互联，提升公司文化多样性，但事实是，人们依旧期待领导者果断地表达想法、提出表彰，并用个人魅力激励周围的人。

真实的领导力理应是解救单一领导风格的良药。(毕竟，真实的领导力要求领导者做自己，而非别人期待的样子。)讽刺的是，随着这一概念的逐步流行，其含义也变得更富有文化差异性。但如果仔细看看当今领导者受到的真正领导力培训，就知道其内容其实带着强烈的美国色彩：号召领导者分享其战胜艰难困苦的个人励志故事，建立在自我剖析、谦虚和迎难而上的个人品质之上。

这无异于要求文化背景迥异的领导者统一遵循"第22条军规"。不同文化背景下的领导者对于服从权威、人际沟通与集体主义的理解不同，现在却被强迫遵循所谓"真实"领导力的普适教条。

不必执着于"自己的看法"

对于人生中起决定作用的关键事件,我们中的许多人都有自己的理解。无论有意无意,每个人都受到自己对事件主观看法的影响,并透过这些看法形成某种自我印象,用于指导我们对新情况做出反应。但随着我们变得成熟,这些主观看法渐渐过时,需要我们主动大幅改写其中的内容,有时我们甚至不惜舍弃它们并重新来过。

玛丽亚就是这样一个例子。作为一名企业中层领导者,她对自己的评价是"时刻护着小鸡的母鸡"。玛丽亚的导师、奥美公司前首席执行官夏洛特·比尔斯(Charlotte Beers)在其著作《我愿掌权》(*I'd Rather Be in Charge*)中提到,玛丽亚之所以会产生这样的自我印象,缘于她曾经为了照顾自己所在的大家庭,而不得不牺牲自己的目标和梦想。然而,这种自我印象最后竟成了她事业上的绊脚石:尽管玛丽亚是众人眼中友善、忠诚、爱好和平的团队成员,却无法得到自己渴望的更高领导职位。后来，玛丽亚与导师合作，共同锁定了她人生中的另一个关键事件，并决定用该事件作为扭转玛丽亚自我印象的"试金石"。他们之所以选定该事件，是因为它不再局限于过去的那个玛丽亚，而是更多地与她未来渴望成为的自己有关。当时，年纪轻轻的玛丽亚离开家人，完成了独自环游世界18个月的伟大目标。年轻时更勇敢的自己给了玛丽亚勇气，驱使她主动申请之前不敢奢望的领导职位，并一举拿下了这个机会。

美国西北大学心理学教授丹·麦克亚当斯（Dan McAdams）毕生致力于研究人生经历对自我印象的影响。根据他的描述，自我印象是"一个人内化于心且不断演化的故事版本，源于有选择地对过去、现在和将来进行的合理化"。这句话不是专业术语的堆砌。麦克亚当斯教授想要表达的是，我们固然相信自己对事件的主观看法，却也得接受主观看法会随着时间、需求而不断改变的事实。他建议我们尝试用新的角度解读人生事件，像时常更新个人简历一样，对人生事件的解读保持持续更新的态度。

这里需要再次强调的是，改变自己对人生事件的解读既是一个自我审视的过程，又是一个人际互动的过程。我们采用的事件描述不应只是个人经验与志向的简单相加，还应反映我们当前存在的需求，并使我们的目标受众与之产生共鸣。

市面上有无数的书籍和顾问告诉我们，开启领导力之旅的前提是明确地了解自己。然而，这么做只会让我们困于过去。随着境遇与职位的不断提升，你的领导身份应当相应改变，也能够相应改变。

我们成为领导者的唯一途径就是不断超越自身的局限。这意味着我们需要敢于尝试新鲜事物，哪怕暂时感到不舒服，也要努力从中获得亲身体验，进而了解自己究竟想成为怎样的人。这样的成长不要求一个人的人格从根本上发生改变。通过在为人处事上一次次做出点滴改变，终有一天能达成"水滴石穿"的效果，使我们进化成为真正意义上的高效领导者。

作者简介

埃米尼亚·伊瓦拉

欧洲工商管理学院组织行为学教授、领导力与学习项目特约教授。著有《逆向管理：先行动后思考》（*Act Like a Leader, Think Like a Leader*）及《转行：发现一个未知的自己》（*Working Identity: Unconventional Strategies for Reinventing Your Career*）。如对作者著作及相关观点感兴趣，可移步其 Twitter（推特）账号 @HerminiaIbarra 或其个人网站 www.herminiaibarra.com。

埃玛·塞佩莱(Emma Seppala)| 文

敢于示弱的领导者能收获什么

一天清晨，印度南部班加罗尔市内，某科技企业创始人阿坎纳·帕齐拉将（Archana Patchirajan）召集全体员工开会。等大家坐定后，她宣布自己不得不解雇所有人，因为这家初创企业的资金链已经断裂，连员工工资也发不出。帕齐拉将的下属都是些出色的工程师，他们在飞速发展的"印度硅谷"中选择了这家初创企业就职。震惊之余，他们拒绝离职，并表示宁愿工资减半，也不愿弃帕齐拉将而去。就这样，这些工程师留了下来，竭尽全力地努力工作。短短几年后，帕齐拉将的这家互联网广告公司 Hubbl 卖到 1 400 万美元。帕齐拉将本人在美国继续创业，其员工虽远在千里之外，却仍旧选择为她工作。

那么，帕齐拉将的员工究竟为何对她如此忠诚呢？

结合盖洛普公司的一项调研结果，就更能看出帕齐拉将不简单。这项调研结果显示，70%的雇员对工作"比较不上心"或"完全不上心"[1]，并因此"没什么归属感"且"生产力有待提高"。可问题是，帕齐拉将到底有什么魔力，不仅成功阻止了这些现象的发生，甚至还使局面出现逆转呢？

于是，我访问了在帕齐拉将手下工作年限最长的一名老员工。我问他，究竟是什么驱动他及其他团队成员留下来呢？他说，"因为她对我们像家人一样"，"她认识办公室里的所有人，并和每一个人建立了良好的私人关系"，以及"当我们犯了错，她不会发火，而是会给我们足够的时间，去总结教训，解决问题"。

只需看看上述评价，就能得知帕齐拉将与每位员工的关系比平常的上下级同事关系更加深厚。简而言之，在员工面前，帕齐拉将敢于展示自身人性化的真实面貌。当公司陷入困境时，她开诚布公地与员工分享自己内心的焦虑。她不愿遵循严格的上下级关系，而是像家人一样对待员工。此外，她还与每位员工建立起了良好的私人关系。这些品质听上去是否显得情感外露，令人不知所措甚至有违常识呢？其实没有。

研究社交联系的专家布勒内·布朗（Brené Brown）

曾开展了上千次访问，旨在找出社交联系的根源因素。她对访问数据进行了全面分析，并因此得出结论：社会联系的根源在于人的脆弱面。此处，脆弱面指的不是"无能"或"卑躬屈膝"。相反，它指的是一种敢于做自己的勇气，即领导者不必时刻保持"职业化的距离与冷静"，转而拥抱环境中的不确定性与风险，并敢于流露真实情绪。日常工作中，我们每天都有机会展示自己的脆弱面。在这方面，帕齐拉将给我们举了一些例子，包括：打电话问候家里孩子生病的员工或同事，主动慰问刚刚失去挚亲的人，请某人帮忙，主动为工作中出现的错误承担责任，或陪伴在重病同事或员工的床边。

更重要的是，根据布朗的研究结果，人际联系的根本除脆弱面外，还包括展现真实的自己。在现实生活中，职场往往是缺少人际联系的重灾区。据杰出领导力变革组织首席执行官约翰·伯林（Johann Berlin）回忆，他曾在某《财富》100强企业内举行了一次面向企业高管的培训工作坊。其间，伯林组织大家做了一种配对练习，即要求参会高管两两组合，彼此分享人生中的一件大事。练习结束后，其中一位深有感触的高管走到伯林身边，对他说："我和同事已经共事25年多，却从不知道他人生中遭遇的种种苦难。"仅仅是一次短暂但真心的交流，这位高管就与自己的同事建立了联系，达成过去20多年都未达到的深层次理解。

为什么职场上容易出现人际关系淡漠的问题呢？作为领导者与员工，我们经常被告知要与同事保持距离，并在同事面前保持某种特定的形象，如自信、干练或权威等。我们可能会在某个深夜，关起门来，向自己的另一半或挚友暴露脆弱面，却几乎不会在白天的其他地方谈及此事，更别提在职场上了。

然而，数据显示，我们恐怕得重新审视一下"在同事面前保持形象"这句话的真实性与可靠性。研究结果显示，人们潜意识里默认他人都在以虚伪的面目示人。只需看一眼某人，我们就能从中观察到大量信息。"无论处于何种情况下，人类天生就会观察彼此，好让自己能够用更得体的方式与他人互动、产生共鸣或划定距离的分界线。"美国威斯康星大学心理学教授葆拉·尼登塔尔（Paula Niedenthal）如是说。我们生来就能读懂彼此身上展示的细微信息，这一过程被称为"共振"。它自发产生，其速度之快，往往在我们意识到之前就已发生。

人类大脑有一块区域就像回音壁，能操纵我们在内部回应他人的行为与感受。只需注视着一个人，通过内在的"共振"，你就能感受到对方。还记得自己看到别人不小心被绊倒，自己也瞬间感到一阵疼痛的时候吗？研究显示，观察他人的同时，我们也在激活着自己大脑中的"痛觉基质"。[2] 再如，还记得看着一个人向另一个人伸出援手，我们有多感动吗？这是因为我们暂时站在了对方的视角上，因而感受到了一种振奋的情绪。瑞典乌普萨拉大学的乌尔夫·丁伯格（Ulf Dimberg）经研究发现，他人的一个微笑就能激活我们面部的笑肌，他人的一次皱眉能让我们跟着眉心紧蹙。[3] 我们的潜意识回应着对方此刻的感受。正因如此，倘若对方的微笑并非发自真心，我们也更有可能感到别扭。

为了获得他人的尊重，我们或许会装出完美、强大或聪明的样子，却往往事与愿违。前述葆拉·尼登塔尔的研究结果显示，人与人之间的"共振"实在太过强烈，以至我们容易被他人的外表迷惑。[4] 回想一下，当你觉得身边的某人"虚情假意"或"装腔作势"时，你做何感受？我们总能在第一时间内看穿那些骗子，并从此与之划清界限。再想想，如果你明知某人正在气头上却假装不生气，你又会做何感受？你或许会问"你怎么了？"，得到的回应却是"没什么"。这样的回答与我们的直觉有出入，因此几乎无法让听者满意。

人类的大脑生来擅长察言观色。有时，我们甚至没意识到自己在察言观色，身体就已做出反应。例如，斯坦福大学心理学家詹姆斯·格罗斯（James Gross）的研究结果显示，当一个生气的人刻意压抑自己的情绪时，我们或许不知道这个人正在气头上（因为他"看上去"并不生气），但我们的血压依旧会升高。[5]

为什么在率真、敢于展示自己脆弱面的人身边时，我们会感到更加舒心？这是因为我们对领导者本身是否值得信赖尤其敏感。[6]例如，"服务型领导"的特点是真心待人，致力于创造价值。在这类领导者的领导下，员工往往能展现出更积极的行动，提出更具建设性的意见，并对领导者及其所在组织抱有更强烈的希望与信任感。[7]反过来，员工对领导者的信赖又能进一步提高员工本身的工作表现。[8]这一现象甚至也可通过大脑活动反映出来。自认与领导者存在"共振"的员工，其大脑中与正向情绪及社会联系有关的区域表现活跃。[9]而当员工认为自己与领导者不存在什么"共振"时，便会出现截然相反的脑区活动情况。

　　真心待人、敢于示弱的一种表现就是"原谅"。原谅并不意味着姑息错误，它指的是对他人的成长抱以鼓励与耐心。正如帕齐拉将的员工所言："当我们犯了错，她（帕齐拉将）不会发火，而是会给我们足够的时间，去总结教训，解决问题。""原谅"一词听上去柔弱，实际上却能产生强大的效果。对此，密歇根大学研究员金·卡梅隆（Kim Cameron）在其著作《组织积极行为学》(*Positive Organizational Behavior*)中指出：如果组织能建立起一种原谅的文化，就能有效提升员工生产力，并同时降低离职率。[10] 在这里，原谅的文化同样有助于建立人与人之间的信任。在这样的文化氛围中，一个组织能更有效地应对各类压力，甚至包括裁员的压力。

那么，为什么我们害怕示弱，或认为工作场合不该是示弱的地方呢？一方面，我们担心，要是被别人看穿真面目，或发现我们内心深处柔软甚至脆弱的一面，这容易让我们被人抓住把柄。然而，正如我在《哈佛商业评论》网站上一篇名为《成为好老板的硬数据》的文章中写的：比起旧式的"你死我活"式竞争关系，待人友善使人在职场上走得更远。

在我们改为采用"待人真诚，敢于示弱"的领导模式后，就会见证以下这神奇的一幕：你的员工会把你视为一个人，会感觉与你更加亲近，还会主动建言献策；

此外，如果之前的你注重严格的上下级关系，现在就会发现自己的团队开始变得更加扁平化。尽管这些变化刚开始或许让你不习惯，但正如帕齐拉将的例子所证明的那样，这些变化最终带来的益处将使之前的所有付出变得值得。

与员工建立更亲密的关系后，你还能获得其他一些好处。斯坦福大学的一项研究显示，公司首席执行官渴望得到下属的建议，但他们中的 2/3 实际上无从获得这类建议。[11] 疏离感使人沉默寡言，进而引发潜在的领导决策失误。试问，难道还有比自己手下的员工更能提供产品、顾客消息的吗？还有比他们更能就此提出建议，解决公司目前存在的相关问题的吗？

最后，你的团队成员不仅不会感觉自己像个默默无闻的螺丝钉，反而将感到自己的人格被尊重、想法被重视，因而对于你所领导的团队更具归属感。研究结果显示，员工在工作中建立的人际关系与获得的幸福感，比工资更能培养其忠诚度。[12]

作者简介

埃玛·塞佩莱

美国斯坦福大学同理心和利他主义研究与教育中心科学主任。著有《幸福的轨迹》(*The Happiness Track*) 一书，并创立相关科普网站"每日精进文摘"(Fulfillment Daily)。若对作者相关著作或观点感兴趣，可移步 Twitter 账号 @emmaseppala 或其个人网站 www.emmaseppala.com。

注释

1. "Report: State of the American Workplace," Gallup poll, September 22, 2014, http://www.gallup.com/services/176708/state-american-workplace.aspx.
2. C. Lamm et al., "What Are You Feeling? Using Functional Magnetic Resonance Imaging to Assess the Modulation of Sensory and Affective Responses During Empathy for Pain," *PLOS One* 2, no. 12 (2007): e1292.
3. U. Dimberg, M. Thunberg, K. Elmehed, "Unconscious Facial Reactions to Emotional Facial Expressions," *Psychological Science* 11, no. 1 (2000): 86–89.
4. S. Korb et al., "The Perception and Mimicry of Facial Movements Predict Judgments of Smile Authenticity," *PLOS One* 9, no. 6 (2014): e99194.
5. J. Gross and R. Levenson, "Emotional Suppression:

Physiology, Self-Report, and Expressive Behavior," *Journal of Personality and Social Psychology* 64, no. 6 (1993): 970–986.
6. K. Dirks and D. Ferrin, "Trust in Leadership: Meta-Analytic Findings and Implications for Research and Practice," *Journal of Applied Psychology* 87, no. 4 (2002): 611–628.
7. E. Joseph and B. Winston, "A Correlation of Servant Leadership, Leader Trust, and Organizational Trust," *Leadership & Organization Development Journal* 26, no. 1 (2005): 6–22; T. Searle and J. Barbuto, "Servant Leadership, Hope, and Organizational Virtuousness: A Framework Exploring Positive Micro and Macro Behaviors and Performance Impact," *Journal of Leadership & Organizational Studies* 18, no. 1 (2011): 107–117.
8. T. Bartram and G. Casimir, "The Relationship Between Leadership and Follower In-Role Performance and Satisfaction with the Leader: The Mediating Effects of Empowerment and Trust in the Leader," *Leadership & Organization Development Journal* 28, no. 1 (2007): 4–19.
9. R. Boyatzis et al., "Examination of the Neural Substrates Activated in Memories of Experiences with Resonant and Dissonant Leaders," *The Leadership Quarterly* 23, no. 2 (2012): 259–272.
10. K. Cameron, "Forgiveness in Organizations," *Positive Organizational Behavior*, ed. D. L. Nelson and C. L. Cooper (London: Sage Publications, 2007), 129–142.

11. Stanford GSB staff, "David Larcker: 'Lonely at the Top' Resonates for Most CEOs," *Insights* by Stanford Graduate School of Business, July 31, 2013, https://www.gsb.stanford.edu/insights/david-larcker-lonely-top-resonates-most-ceos.
12. The Association of Accounting Technicians, "Britain's Workers Value Companionship and Recognition Over a Big Salary, a Recent Report Revealed," July 15, 2014, https://www.aat.org.uk/about-aat/press-releases/britains-workers-value-companionship-recognition-over-big-salary.

四

罗布·戈菲（Rob Goffee） | 文
加雷思·琼斯（Gareth Jones）

领导者如何做到"恩威并施"

当今社会充斥着鼓吹领导者"必须"体恤下属的论调。倘若一位职业经理人刚参加完一场人际沟通技巧培训,唯一的"收获"便是被教育要"体恤"他人,试问还有比这更鸡肋的吗?真实的领导者无须刻意让下属知道自己对他们有多"在乎",而是会发自内心地与下属感同身受。除下属的情绪外,真实的领导者关心的还有下属从事的工作。

阿兰·利维(Alain Levy)是宝丽金唱片公司前首席执行官。虽然他常以一个超然世外的知识分子形象出现,但利维本人非常擅于拉近自己与下属间的距离。有一次,他帮几位澳大利亚的初级唱片管理人员挑选专辑单曲。在音乐行业中,这项工作至关重要:单曲选得是否成功,决定着整张专辑能否大卖。利维与这帮年轻人坐在一起,满怀热情地开始挑选单曲。但看着眼前这帮人七嘴八舌、争论不休,利维忍不住插话道:"你们这些蠢到不行的笨蛋根本不懂!专辑的首发单曲当然得是舞曲!"不到24小时,这则逸事就传遍全公司。利维足不出户,便成了公司上上下下的"风云人物"。人们称赞他"真的很会挑选单曲",可事实上,利维对于任何工作都无比投入,并知道如何进入工作伙伴的世界,让他们知道他在乎。在那样一个世界里,人们习惯用强烈的语气和多彩的语言来表达自己。

基于上述例子,不同于诸多管理学著作所倡导的那样,笔者并不认为鼓舞人心的领导者拥有一颗柔软的同理心。相反,笔者甚至认为,真实的领导者必然有着独特的管理秘技,这种秘技被我们称作"恩威并施"。"恩威并施"意味着给予人们需要的东西,而非他们想要的东西。包括美国海军陆战队在内的各类组织和咨询公司尤其推崇"恩威并施"。"不进则退"是它们的座右铭,其雇员或成员被迫不断突破自身的极限。英国贝廷集团首席执行官克里斯·赛特韦德(Chris Satterwaite)曾在多家广告公司担任高管职务。作为一位下属都是创作型人才的领导者,他每天面对着各式各样的挑战,因而对"恩威并施"有着无比深刻的理解。他说:"必要时,我会铁面无私。但我可以保证的是,只要和我在一起,他们必然会获得成长。"

操作得当的话,"恩威并施"的管理者既能达成手头的工作目标,又能保证尊重个人。然而,兼顾两者绝非易事,尤其在面临"生死存亡"的企业中更是如此。此时,关怀员工的领导者既得向周围的人无私奉献,又得知道何时需要严以待人。以联合利华为例,当时公司正在开发一款名为"碧浪"的洗涤剂。最后,联合利华不得不将这款产品从市场中撤下,因为它有损被洗涤的衣物。该产品的弊端早就初露端倪,时任联合利华首席执行官的尼尔·菲茨杰拉德（Niall FitzGerald）选择与自己的员工站在统一战线上。"那是业界很流行的做法,但我真的不该那么做。"他事后评价道,"我应当退后一步,保持冷静,用客观的视角审视全局,充分考虑消费者的权益。"话说回来,同时做到关怀员工与客观审视,说起来容易做起来难。毕竟,比起你的下属,"恩威并施"对作为实施者的你提出了更高的要求。"一些领导力理论把'关怀'贬得一无是处',可事实并非如此。"卡尔文·克莱因美妆品牌的总裁兼首席执行官波拉娜·曼库索（Paulanne Mancuso）表示："你得逼自己做不喜欢做的事，这并不简单。"没错，要想成为一个作风强悍的人，其实并没有那么容易。

"恩威并施"的领导者往往更有魄力承担风险。格雷格·戴克（Greg Dyke）接管英国广播公司时，其商业竞争对手在电视节目上的出手比英国广播公司要阔绰得多。戴克很快意识到，为了在数字化时代中保持繁荣，英国广播公司需要在这方面加大经费投入。他向员工开诚布公地说明了这一点，并在获得员工同意后，风风火火地着手全面调整英国广播公司的组织架构。尽管出现了员工流失的现象，但戴克还是成功留住了更多忠诚的员工。他将自己的成功归结于"恩威并施"的管理风格，并表示："一旦赢得人心，你就能做出必须为之的艰难抉择。"

关于"恩威并施"的话题，笔者还有最后一点提示：那些更愿意接纳并尝试这种管理风格的人，往往是发自内心关心他人的人。而当一个人真心在乎某事时，将更有可能展示真实的自己。他们会以真诚的方式与人沟通，而这正是领导力的前提。不仅如此，他们还会用行动告诉周围的人，现在展现在大家面前的人，绝对没有戴着一副假面具。对于那些仅仅为了完成任务而工作的管理者，其下属不会打从心里与其建立信任。下属想要的，是和自己一样真挚地关心他人及其工作的领导者。

作者简介
罗布·戈菲
伦敦商学院组织行为学名誉教授，并在该校教授举世闻名的企业高管项目。
加雷思·琼斯
伦敦商学院管理发展中心研究员、西班牙马德里 IE 商学院访问学者。两位作者是多家跨国企业董事会的管理顾问，合著有《你凭什么担任领导者？》(*Why Should Anyone Be Led by You?*)、《聪明才智》(*Clever*) 及《人们凭什么为你工作？》(*Why Should Anyone Work Here?*) 三本书。这三本书均已由哈佛商业评论出版社出版。

五

西尔维娅·安·休利特（Sylvia Ann Hewlett）| 文

是什么阻止着有色人种的职业发展

有色人种很少担任高级管理职务。这一话题过去常被企业界忽略、搁置，直到最近才开始引发业内讨论。有色人种仅占美国企业高管总人数的11%。[1]在《财富》全球500强企业首席执行官中，仅有6名黑人、8名亚洲人和8名西班牙人。[2]

一位顶尖人才要想跻身企业高管队伍，仅有优异的业务表现与辛勤工作是不够的，还得获得利益相关群体的支持。高管职位的获得者永远是那些富有前瞻性、执行力一流且具有所谓"高管素质"的人。美国非营利组织人才创新中心曾对268位企业高管进行访问，结果显示，在影响管理人员晋升至企业高层的诸多因素中，"高管素质"的影响力占到26%。[3]不过，由于美国企业高管绝大多数为白人，因此包括非裔、亚裔和西班牙裔美国人在内的有色人种普遍深有同感，认为自己在领导岗位上束手束脚，无法自如地展现领导风范。此外，在各层级管理岗位上，有色人种专业人士获得的职业反馈都极为有限。

同样基于上述访问结果，"高管素质"由三大素质组成。一是沉稳，这项核心素质被67%的受访高管提及。稳重的管理者表现自信，鼓励信任关系的建立，并重视自身及团队的诚信体系建设。二是沟通技巧（被28%的受访高管提及）。三是外表，因为外表彰显着管理者的沉稳程度与沟通技巧。尽管有色人种专业人士也明白"高管素质"的重要性，却往往被迫模仿、采用适合白人的那一套高管行为。

人才创新中心的研究还发现，较同等职位的白人而言，有色人种专业人士对"沉稳"的关注甚于"沟通技巧"和"外表"。然而，为了迎合白人主导的社会标准，有色人种专业人士在行为、谈吐及着装方面被迫压抑甚至牺牲其文化特点，进而使其在培养"高管素质"时面临尤为艰巨的挑战。他们中的绝大多数人认为，其所在公司的"高管素质"以白人男性为范本，遵循这些标准使他们不得不"装腔作势"。非裔美国人群体在这方面表现得尤为突出，认同这一说法的非裔美国专业人士高出其白人同事97个百分点。随着这种新型"白人化专业主义"愈演愈烈，进一步强化了有色人种对白人在职场上享受特殊待遇的仇视，并加深了有色人种在美国社会中的无助感（见图3、图4）。有色人种已经感觉到，自己必须付出更多努力，才能与白人同事平起平坐。超过56%的少数民族专业人士还感觉到，公司对他们执行着比白人同事更严苛的"高管素质"标准。

非裔美国人 73%
亚裔美国人 50%
西班牙裔美国人 48%
美国白人 37%

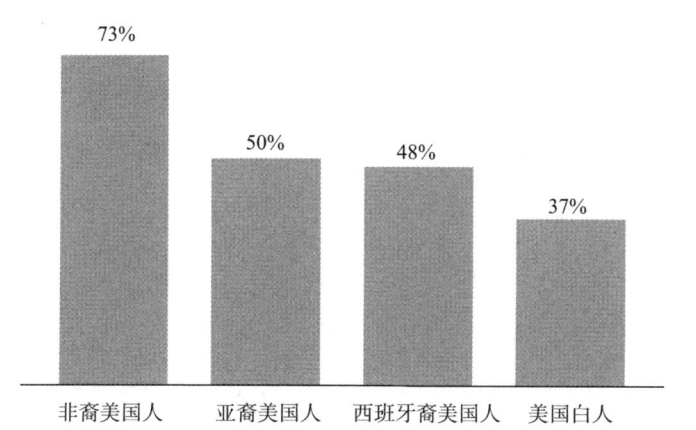

图3 认同"在我就职的公司中，高管素质就是传统的白人男性标准"这一说法的人群比例

数据来源：美国非营利组织人才创新中心。

非裔美国人	亚裔美国人	西班牙裔美国人	美国白人
37%	45%	37%	30%

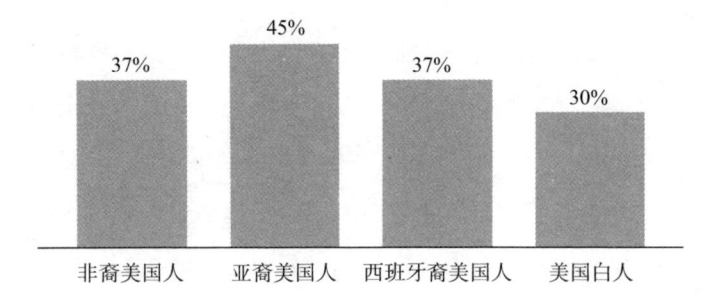

图 4　认同"我不得不迎合公司对高管素质制定的标准"这一说法的人群比例

数据来源：美国非营利组织人才创新中心。

雪上加霜的是，由于有色人种专业人士不太可能从他人那里获得有关"自我展示"效果的反馈，因而更受"高管素质"的困扰。相关定性研究结果证实，以白人居多的领导者不愿直截了当地指出有色人种专业人士在"沉稳"或"沟通技巧"上存在的问题，唯恐被人指摘有种族歧视之嫌。但也有人认为，只要上级领导重点关注其有色人种下属在"高管素质"方面的潜力并予以悉心指导，就能有效解决上述问题。尽管如此，人才创新中心 2012 年的一项调研结果显示，较其白人同事而言，有色人种专业人士获得上级指导的比例更低，仅为8%，低于白人群体的13%。[4] 可即便有色人种专业人士从上级领导处获得反馈，也往往不知如何将反馈建议付诸实践，当其并非土生土长的美国人时更是如此（见图5）。对那些需要本土专业知识来扩大其在全球市场影响力的企业而言，这是一个严重的问题。

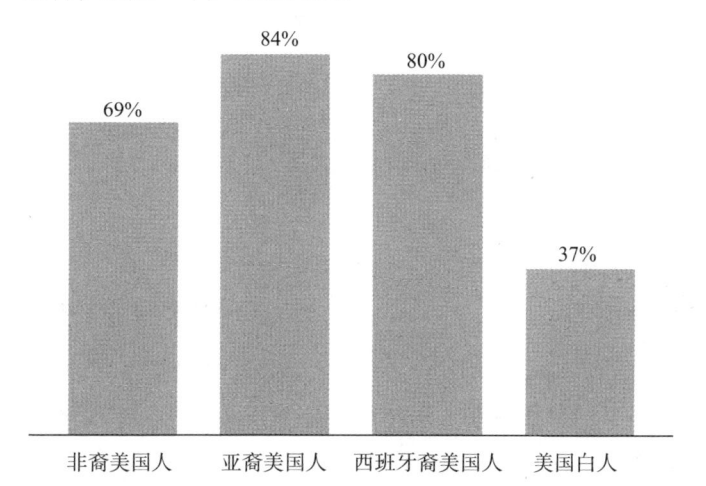

非裔美国人	亚裔美国人	西班牙裔美国人	美国白人
69%	84%	80%	37%

图5 认同"我不知该如何解决上级领导在反馈中指出的问题"这一说法的人群比例

数据来源：美国非营利组织人才创新中心。

简而言之，鉴于上级反馈要么没有，要么过于模糊或前后矛盾，"高管素质"至今仍是一套令有色人种专业人士无法参透的规则。他们既受制于这套规则，又无法在坚持自我的前提下，透彻地理解规则并加以执行。由此造成的结果是，人们在潜意识里依旧认为，白人男性仍是担任领导职务的主力。相应地，有色人种专业人士自然在职场上处于极为不利的地位。

随着美国人口构成日益多元化，且美国企业在全球市场上的参与度与日俱增，美国企业若想在当今竞争激烈的经济大环境下胜出，尤其需要具备"与当地市场契合"的多元化工作团队。当地市场的职业人士熟谙本土客户群体，这些群体的需求可能并不能很好地被美国企业人员满足。不过，人才创新中心的研究显示，美国企业要想在全球市场上全速前进，其中最关键的要素之一便是：拥有一个背景同样多元化的领导团队。[5]但就目前来看，这项至关重要的顶层设计仍然处于缺失状态。

作者简介

西尔维娅·安·休利特

美国非营利组织人才创新中心的创始人、首席执行官，是休利特咨询公司创始人之一。

注释

1. U.S. Equal Employment Opportunity Commission, *Job Patterns for Minorities and Women in Private Industry* (2009 EEO-1 National Aggregate Report), 2009.
2. DiversityInc. staff, "Where's the Diversity in *Fortune* 500 CEOs?" October 8, 2012, https://www.diversityinc.com/diversity-facts/wheres-the-diversity-in-fortune-500-ceos/.
3. S. Hewlett et al., "Cracking the Code: Executive Presence and Multicultural Professionals," Center for Talent Innovation, 2013.
4. S. Hewlett et al., "Vaulting the Color Bar: How Sponsorship Levers Multicultural Professionals into Leadership," Center for Talent Innovation, 2012.
5. S. Hewlett et al., "Innovation, Diversity, and Market Growth," Center for Talent Innovation, 2013.

六

莎拉·格林·卡迈克尔（Sarah Green Carmichael）| 文

公司道歉的关键要素：首席执行官的情绪表露

"不怕向大家承认，我们的确犯了一些错误。"美国全食超市联席首席执行官约翰·麦基（John Mackey）和沃尔特·罗布（Walter Robb）通过视频就此前发生的价格操纵丑闻公开道歉。

2011年，住客盗窃房东财产事件发生后，爱彼迎首席执行官布赖恩·切斯基（Brian Chesky）在公司博客中写道："这场危机使我们措手不及，并且我们没有做到妥善处理。"

通用汽车公司出现一系列安全丑闻后，其首席执行官玛丽·巴拉（Mary Barra）曾就此多次向公众致歉。在其中一次致歉中，她表示："这类事件永远不该发生，它们是完全不能被社会接受的。"

以前很少有公司公开道歉。可如今，它们成为商业演说的正常组成部分。不幸的事件发生后，公司会就此道歉。尽管公司公开道歉已不是什么新鲜事，这却并不意味着这些道歉都能达到相同的效果。

两项近期研究解释了为什么有的道歉有效，有的反而无异于自取灭亡。

第一项研究的主要发现见于《组织行为学与人类决策过程》杂志中刊载的一篇文章。[1] 在这篇文章中,加利福尼亚大学伯克利分校哈斯商学院教授利安娜·坦恩·布林克(Leanne ten Brinke)及伦敦商学院教授加布丽埃勒·S. 亚当斯(Gabrielle S. Adams)研究了情绪表露如何影响公司道歉的实际效果。

在第一项研究中,研究人员分析了股市对公司高管致歉的反应。他们一共选取了29段发布于2007—2011年间的网络道歉视频,并借助一套成熟的面部表情识别系统(面部行动解码系统,英文简称FACS),以秒为单位,捕捉研究人员自身观看无声道歉视频的面部表情变化,如皱眉、微笑或露出愁容等。接下来,研究人员又分析了公司股价在高管致歉后的波动情况。结果发现,那些面带笑容的企业高管给人一种并非真心道歉的感觉,甚至让人感觉实际上其对于公司目前遭遇的困境乐在其中。道歉的高管笑得越灿烂,其所在公司的股价跌得越厉害。

至于那些看上去真心道歉的高管，其所在公司的股价一开始看似不受影响：有的公司股价上浮，有的则下跌。于是，研究人员在文章中写道："正常的表情至少不会使公司陷于水深火热。"

不过，研究人员仔细研究了公司首席执行官的29段道歉视频，对其中的16段更是做了巨细靡遗的分析。结果发现，道歉的首席执行官如果露出悲伤的表情，该公司的股价实际上不降反升。因此，研究人员认为，从长远来看，"一次好的道歉反而能增强投资者信心"。

为进一步探究这一结论，研究人员又做了个实验。他们请来一名演员扮演某航空公司首席执行官，就该公司曝出的"计算机系统故障事件"道歉。这次虚拟事件借鉴了此前真实发生的阿拉斯加航空系统故障事件，"导致140架航班取消，数千名旅客滞留机场"。在设计演员的致歉演讲词时，研究人员参考了此前所有相关文献的研究结论，确保这份致歉演讲词囊括了目前所有已知能够有效修补人际关系的成功要素，包括：大方道歉，请求原谅,解释原因,承担责任和保证下不为例。之后,研究人员招募了一些受试者,请他们分组观看这位"首席执行官"分别采用"轻松"、"沉痛"或"中立"情绪模式拍摄的道歉视频。当"首席执行官"表现沉痛时,受试者对其真诚度的评分更高,并更愿意原谅他。但当"首席执行官"面带微笑甚至面无表情地致歉时,受试者表示不愿相信他的话,而且这段致歉演讲反而加重了他们对这位"首席执行官"的厌恶。

再资深的管理者,也不会认为道歉是个多么享受的过程。当一个人内心觉得不舒服时,下意识的反应就是愁眉苦脸、苦笑甚或用讲笑话的方式缓解紧张氛围。尤其在美国,管理者还可能认为自己不能过度流露悲伤情绪,并且应当永远装出积极正面的样子。但从上述研究发现来看,管理者自以为有效的道歉方式虽然不难理解,却帮了倒忙。

第二项研究发表于《公司财务期刊》,它也揭示了这方面的一些有趣的发现。[2] 唐·钱斯(Don Chance)、詹姆斯·奇科（James Cicon）和史蒂芬·P.费里（Stephen P. Ferris）等研究人员分析了1993—2009年间发布的150份新闻通稿，探究公司采用自责而非推诿责任的态度，究竟会对公司业绩带来怎样的影响。结果显示，负面事件发生后，将责任归咎于外界因素的企业数量是将责任归咎于自身因素的企业数量的两倍；但凡将责任归咎于外界因素的企业，其后来的财务情况都越来越糟。与此相反的是，勇于承担责任的公司财务表现稳定，且最终会迎来财务表现的回暖。（有意思的是，无论公司将责任归咎于外界或自身，其首席执行官被革职的概率几乎不相上下。）

这是为什么呢？研究人员剔除了诸多无关因素后得出结论：坦诚地承担错误并具体指出导致错误的原因，不仅能增强投资者信心，还能帮助公司尽快走出困境。相反，喜欢推诿责任的公司常常用模棱两可的语言表述错误原因（如"经济形势不佳"），并被认为不够坦诚（因为这些公司犯的错误往往是咎由自取）。

由此看来，要想做一次"好的道歉"，关键要素已一目了然：做了错事就承认，同时别忘了适当地表露悲伤情绪。

作者简介

莎拉·格林·卡迈克尔

《哈佛商业评论》资深编辑。欢迎在 Twitter 上关注她：@skgreen。

注释

1. L. ten Brinke and G. Adams, "Saving Face? When Emotion Displays During Public Apologies Mitigate Damage to Organizational Performance," *Organizational Behavior and Human Decision Processes* 130 (2015): 1–12.
2. D. Chance, J. Cicon, and S. Ferris, "Poor Performance and the Value of Corporate Honesty," *Journal of Corporate Finance* 33 (2015): 1–18.

七

高塔姆·穆昆达（Gautam Mukunda）、詹皮埃罗·彼得里利埃里
（Gianpiero Petriglieri）接受阿迪·伊格内修斯（Adi Ignatius）、
莎拉·格林·卡迈克尔（Sarah Green Carmichael）专访

领导者是否太情绪化了

受访者：

高塔姆·穆昆达

詹皮埃罗·彼得里利埃里

访问人员：

阿迪·伊格内修斯

莎拉·格林·卡迈克尔

如今，政界和商界都充斥着领导者的哀号与呼喊。让我们来听听来自哈佛商学院高塔姆·穆昆达与欧洲工商管理学院詹皮埃罗·彼得里利埃里的声音，看看他们对目前政、商两界存在的噪声有着怎样的见地。

莎拉·格林·卡迈克尔：当今社会，随着领导者更多地暴露于公众视野之中，用时下流行的词来说就是，人们好像格外关注领导者是否"真实"。但在公众面前流泪、哭喊的领导者，的确给人不怎么"真实"的感觉。詹皮埃罗，对此你怎么看？我们的领导者之所以流泪、哭喊，是否想借助这种方式证明他们也是

"真实"的人？

詹皮埃罗·彼得里利埃里： 我并不觉得公众在乎领导者"真实"与否。相反，我认为公众真正关注的是领导者是否"表里如一"。要想判断一个人是否"表里如一"，一种行之有效的方法就是观察其表露出的情绪。

此外，我认为我们还有必要区分掌握权力的人。当权者的情感表达总是有问题的。诚然，社会准则的确如高塔姆所说的那样在不断变迁，但即便在现代社会，公众仍期待当权者拥有特定的举止，情绪就是全部。情绪是联系领导者与其追随者的纽带。由此可见，即便一个人大权在握，也未必表示人们将他看作领导。

其实，流露情绪也是一种表达思想的方式。它仿佛在说："喂，我在这里，想跟你们说件事。这件事真的令我十分担忧，我希望你们都来关注它。"对当权者而言，当他们试图同时成为人们眼中的领导者时，情绪正是他们努力修习的领域。

阿迪·伊格内修斯：詹皮埃罗，你刚才说"并不觉得公众在乎领导者'真实'与否"，我想就此再深入探讨一下。你的说法基本上是向整个企业界奉行的准则发起挑战，因为任何企业管理者都知道，行业里一直主张领导者必须"真实"。所以，能请你多谈谈这方面吗？能否结合情绪在其中所起的作用，使我们更好地了解你的观点？你认为领导者可以情绪化，可以随心所欲地表现出任何他们想呈现的样子，但要想有效发挥领导力，最重要的是要保持"言行一致"。这种说法乍听之下有点儿马基雅维利主义色彩。能请你再多解释一下吗？

詹皮埃罗·彼得里利埃里：当我们谈论领导者是否"真实"时，实际上涉及两层不同的含义。第一层含义是"率性"，即"我将当下的感受抒发出来"。对领导者而言，"率性"可能合适，但在更多情况下，"率性"可能是不合时宜的。

"真实"的第二层含义是，"我依照事实、发自内心且前后一致地表达出自己与他人同样的感受。我想让大家知道，我和他们在某种程度上有着同样的顾虑。我还想让大家知道，我在许多方面想他人之所想，急他人之所急"。

这第二层含义，才是我们在领导者身上时刻观察到的品质。它有时的确混杂着一丝马基雅维利主义色彩，有时却又十分真挚。事实上，我们之所以决定追随某人，其中一项至关重要的原因便是，我们觉得这个人好像打从心底里在意我们所在意的事。这种现象在政界比比皆是。我们经常能听到某政治候选人宣称："我和你们没什么不同。我们拥有同样的背景，关心同样的事，但我的竞争对手只在乎他（她）自己。"与此同时，这位政治候选人的竞争对手也在表达着同样的意思："不不不，我才是那个真正与大家感同身受的人。我的竞争对手只在乎他（她）自己。"

凡是能与大家成功打成一片，并将竞争对手贬为异己的人，就是赢家。因此，作为对你之前疑问的回应，我说的是人们并不特别在乎领导者是否将内心的真实想法表达出来，他们在乎的是领导者的情绪表露是否符合当下的情境。

正因如此，情绪表露是一把"双刃剑"。在它的背面，人们有时认为流露情绪的领导者是自私自利的，过度沉溺于自己的情绪中，脱离大众。

然而，人们有时又认为流露情绪的领导者是慷慨的，认为这样的领导者才真的是"想我之所想"。还记得美国前总统比尔·克林顿（Bill Clinton）吗？1992年，他在第一场总统竞选拉票演讲中表示"我感受到了你们的痛"，这也成了他在首次竞选总统时写下的光辉一笔。他的行为堪称领导者典范，但我们不能说这种行为就是在操纵人心，或是马基雅维利主义。相反，领导者常常借助这种行为向人们展示，他们不仅充分了解大众的处境，还与大众有着同样的遭遇。这正是我们希望在自己信任的领导者身上看到的东西：领导者不仅智商超群、洞察世事，更重要的是，他们能够设身处地为我们着想，感受着我们的痛楚和忧虑，心怀与我们一样的抱负与期望。

这才是人们对领导者在"真实"方面的最终关注点。我们希望领导者能够切身体察实际状况，而非仅仅流于表达某个时刻内心真实想法的表面。

阿迪·伊格内修斯：高塔姆，你同意这一观点吗？照此看来，同理心和情商才是领导力的关键组成部分。尽管我的概括过于粗略，但不知你有何看法？

高塔姆·穆昆达：在我看来，同理心和情商的确是领导者不可或缺的重要品质。人们的确常说希望领导者如实说出内心的想法，而非为了迎合民意而虚情假意。特朗普在美国崛起的现象就是一个佐证。

但值得注意的是，那些口口声声表示希望领导者如实说出内心想法的人，到头来却会投票给那些为了迎合他们而虚情假意的人。因此，在两股自相矛盾，却又无关对错的思绪冲撞下，人们最终会说服自己："他说了我想听到的话，所以这肯定也是他的真实想法。"

让我惊讶不已的是，一个人一旦具备这种"用真诚的方式说别人想听到的话"的能力，就能在通往权力的道路上一帆风顺。当然，从詹皮埃罗的话来看，他指的是人们希望领导者不是只图一己私利，还应为大众的利益着想。这正是为什么许多权力竞争游戏的本质都是候选人指责对手才是那个自私自利的人。

我想,人们对领导者的这项期待几乎适用于任何组织的领导者。自私自利的领导者不可能长久地拥有追随者。但你还问了我另外一个问题:情绪对领导者而言意味着什么?

以演艺界为例,即便是一名训练有素的职业演员,也不能每次在导演的要求下说哭就哭。因此,当美国前总统贝拉克·侯赛因·奥巴马(Barack Hussein Obama)为在校园枪击案中遇难的孩子潸然泪下时,这不得不说是他的真情流露。

但仍有一些保守派人士造谣称,奥巴马在演讲台下藏着洋葱之类可以催泪的东西,好让自己能在演讲时掉下泪来。这种毫无依据的说辞实在令我震惊,因为它一方面反映出总统真情流露的强大感染力,另一方面正好折射出这些保守派人士在众多无辜的死难儿童面前的冷漠嘴脸。

詹皮埃罗·彼得里利埃里:你看,我不认为人们只想听领导者说真心话，我认为人们是想看到领导者展现出内心的感受。换言之，人们希望真切地接收到领导者表达的情感。

当然，即使对于同一事物，每个人的感受都不太一样。刚才高塔姆援引的"奥巴马当众落泪"的例子，就十分有力地传递出这样的讯息。这样的领导者充满着人性的光辉。在拥有同样感触和委屈的公众面前，这种人性化实际上提升了领导者的领导力水平。同时，对那些反对者和没有情感共鸣的人而言，领导者显露的人性化反而削弱了其领导形象。这就是为什么情绪是一把"双刃剑"：与你产生情感共鸣的人会觉得与你拉近了距离，并因此更愿意追随你；与你没有情感共鸣的人则会突然与你拉开距离，并怀疑你是否在故意演戏，由此衍生出操纵人心、马基雅维利主义之类的揣测。

我们回到奥巴马落泪的例子上来。当时，作为全世界最有权势的人之一，他在任期内见证了一场悲剧的发生。即便他大权在握，也没能阻止这场悲剧的发生。因此，他表现出的沮丧其实是对权力所受局限的沮丧。但他对沮丧的宣泄不是仅仅为了自身，还是为了更大一部分公众，他们或许同样认为这场悲剧本可以通过高层的政治意志或行动防患于未然。可现实是，这场悲剧还是发生了，因为高层对推动枪支管理领域变革的政治意愿还没有那么强。

莎拉·格林·卡迈克尔：如果把奥巴马换成另外一位女总统，当众落泪的意味会有所不同吗？男性与女性领导者释放情绪的效果存在哪些差异呢？

高塔姆·穆昆达：没有不同，毫无疑问。对领导者太过情绪化的指摘以前通常是某些人用于攻击女性领导者的典型论调。值得注意的是，2008 年，希拉里·克林顿（Hillary Clinton）在新罕布什尔州的一次演讲中落了一点儿泪，却被人们视为其竞选拉票演讲中最为出彩的时刻之一。它对希拉里顺利晋级 2008 年总统大选功不可没。

此前，批评者一直称希拉里是像"机器人"般的冷血政客。因此，这个落泪的时刻不可不说是她过去 10 年来的首次突破。

在我看来，较男性领导者而言，大多数女性领导者的确不敢轻易尝试当众落泪的行为，唯恐引发社会负面评论。鉴于社会对于女性性格的偏见无法在短时间内消除，因此女性领导者当众流露情绪的行为很可能沦为竞争对手政治打压的把柄。

莎拉·格林·卡迈克尔：值得一提的是，除性别歧视外，社会还对某些种族的人存在性格方面的刻板印象。比如，若奥巴马和希拉里同时当众表现出愤怒的情绪，成为众矢之的的可能就是奥巴马。

高塔姆·穆昆达：这也是不争的事实。奥巴马曾在若干场合提及他对自身公众形象的看法。显然，他对这个问题有过非常深入的思考，而且善于自我反思。他的原话是，他极力想避免的就是被人看成"一个愤怒的黑人"。正因如此，他才注意调整各方面行为举止，避免自己成为黑人刻板印象的代名词。

奥巴马发自内心地感受到，尽管美国种族歧视问题不减，但将愤怒情绪完全写在脸上对于身为国家元首的他没有任何好处。事实上，只要细心观察就不难发现，奥巴马在连任总统前的 4

年间，从未在大庭广众之下宣泄愤怒。在他连任总统后，尤其在 2015 年，我们反而看见他有了更多释放情绪的空间。某些场合中，他甚至以释放情绪为手段，强有力地推动某些目标的达成。

阿迪·伊格内修斯：这样看来，你认为女性领导者是否也有必要时刻注意收敛情绪？这种说法听起来或许有失偏颇，但目前的社会氛围对于当众落泪的女性领导者仍抱有一定的敌意。

高塔姆·穆昆达：首先，我会建议任何领导者，无论男女，都尽可能地注意在公共场合收敛情绪。物以稀为贵，情绪释放之所以具有强大的力量，一定程度上正是因为它很少出现。

美国前众议院议长约翰·博纳（John Boehner）就曾因为动不动掉眼泪而沦为政坛的笑柄。我并不认为多愁善感对他发挥领导力有什么好处。但当奥巴马当众释放情绪时，公众感受到的是一种震撼，因为大家从未见过这样的总统。

因此，在我看来，无论领导者是男是女，凡是无法做到时刻注意收敛自身情绪的人，都将至少在一定程度上被这种性格拖累。我尤其想要提醒女性领导者的是，女性的确不是情绪化的代名词，但公众对女性领导者的情绪化特质更没有包容力。

话说回来，对于这一点，女性领导者肯定比我更有切身体会。在我遇到的众多女性领导者中，无人不知这一点，也无人没有意识到自己比男性领导者经受着更多社会强加的标准。

然而，用性别偏见攻击女性领导者的代价太低，谁都可以不负责任地指责某位女性领导者过于情绪化，无法理智审视事情。尤其当环境中存在竞争关系时，更是可能有人站出来，用女性领导者的情绪化问题大做文章。因此，各位女性领导者在这方面均可谓深有体会。

莎拉·格林·卡迈克尔：詹皮埃罗，在愤怒情绪管理或当众落泪的事情上，你有什么想补充的吗？

詹皮埃罗·彼得里利埃里：我大体上认为愤怒比悲伤情绪要容易假装得多。而且平心而论，愤怒或许也比悲伤情绪更能激发人与人之间的不信任。我认为,当今社会充斥着太多关于领导者该做什么、不该做什么的刻板印象,并因此造成了许多不必要的矛盾。

我个人还是倾向于认为,尤其对政界、商界的高层领导或频繁现身公众视野的领导者而言,控制情绪相对而言的确是一项保险的行事原则。我还认为,凡是想成为真正意义上领导者的人,都得提前学会如何与自己的情绪和谐共处。大家不应仅仅扪心自问"我过度表露情绪了吗?",还应该努力用更成熟的态度对待自己、对待他人,相应的问题变成"我该如何表达情绪?"或许更好。

例如,要想强烈表达出你对某团体意见的不满,以往最常用的方式之一就是拒绝出席与该团体有关的任何会议及场合,或以迟到却不道歉的方式与活跃的旁人形成鲜明对比。这些方式都能很强烈地公开传递一个人的不满甚至挑衅。如今,人们反而提倡对情绪避而不谈,不借助语言将其表达出来。仅仅因为我们没有用语言或行动表达情绪(如掉泪),并不意味着我们没有在表达强烈的情绪,或没有用适宜的方式表达情绪。过分压抑自己的情绪,反而在很多情况下极度不合时宜,或对问题的解决毫无助益。

所以我认为,对领导者而言,更重要的几个问题是:你知道自己现在有什么感受吗?你知道还有哪些人也有这种感受吗?你知道自己为什么有这种感受吗?你认为这些感受只是自己对当下情绪状态的一种表达吗?你能更深入地思考这些感受正在试图告诉你关于周围环境的哪些信息吗?以及这对你所带领的人群有怎样的影响?你能将由此得出的体会用深入浅出的方式表达出来,进而帮助你达成自己的目标吗?

作者简介
高塔姆·穆昆达
哈佛商学院组织行为学系助理教授,拥有美国麻省理工学院政治科学博士学位,其首部著作为《无可取代的领导者》(*Indispensable: When Leaders Really Matter*)。
詹皮埃罗·彼得里利埃里
欧洲工商管理学院组织行为学助理教授,负责统筹该校管理加速项目的教学任务。该项目为欧洲工商管理学院的标志项目，专门面向新兴的商界领袖开展。詹皮埃罗拥有医学博士学位，是受过专业训练的心理分析师，目前专注于领导力发展领域的研究与实践工作。欢迎在 Twitter 上关注他：@gpetriglieri。

阿迪·伊格内修斯

《哈佛商业评论》总编辑。

莎拉·格林·卡迈克尔

《哈佛商业评论》资深编辑。欢迎在 Twitter 上关注她：@skgreen。